BIBLIOTHÈQUE DES SCIENCES
AVEC LIENS INTERNET

ÉNERGIE, FORCES ET MOUVEMENT

Les éditions Usborne ont fait tous leurs efforts pour s'assurer que les documents sur les sites Web proposés dans ce livre conviennent à l'objectif désiré. Les rédacteurs des éditions Usborne ont sélectionné les sites mentionnés dans ce livre, car ils conviennent, à leur avis, à des enfants. Aucune garantie n'est toutefois donnée à cet égard, et les éditions Usborne déclinent toute responsabilité concernant la nature et l'exactitude du contenu de tout site Web autre que le leur. Nous recommandons que les enfants soient toujours surveillés lorsqu'ils consultent Internet et qu'ils ne se connectent pas aux salles de discussion.

Imprimé en Espagne.

BIBLIOTHÈQUE DES SCIENCES
AVEC LIENS INTERNET

ÉNERGIE, FORCES ET MOUVEMENT

Alastair Smith et Corinne Henderson

Maquette : Ruth Russell, Karen Tomlins,
Jane Rigby et Adam Constantine

Illustrations numériques : Verinder Bhachu
Images numériques : Joanne Kirkby

Rédaction : Laura Howell
Maquette de la couverture : Nicola Butler
Expert-conseil : Tom Petersen
Assistante à la rédaction : Valerie Modd

Maquette de la collection : Ruth Russell
Directrice de la collection : Judy Tatchell

Pour l'édition française :
Traduction : Nathalie Chaput
Rédaction : Renée Chaspoul
et Helen Thawley

LIENS INTERNET

Tout le long de ce livre, des sites Web sont proposés pour approfondir le sujet traité. Tu pourras par exemple :

- chercher le centre de gravité de divers objets
- écouter la radioactivité avec un compteur Geiger
- tout savoir sur la radioactivité dans la vie quotidienne et dans le nucléaire
- visualiser des animations sur divers sujets
- calculer ton poids sur les différentes planètes du système solaire

LE SITE QUICKLINKS D'USBORNE

Afin d'accéder à tous les sites Web qui te sont proposés tout le long du livre, va sur notre site Quicklinks **www.usborne-quicklinks.com/fr** où tu trouveras un lien direct à chaque site mentionné. Les liens des sites recommandés sur Quicklinks sont régulièrement revus et mis à jour. Il arrive toutefois qu'un message apparaisse, indiquant qu'un site n'est plus disponible. Cela peut être temporaire, réessaie donc plus tard, ou même le lendemain. Cependant, certaines adresses de sites Web changent ou les sites disparaissent. Si un site n'est plus accessible, nous le remplacerons, si possible, par un autre site.

CE DONT TU AS BESOIN

Certains sites Web nécessitent des programmes additionnels, appelés modules externes ou plug-ins, pour entendre des sons ou voir des vidéos, des animations et des images en 3D. Si tu accèdes à un site sans le module externe nécessaire, un message apparaît à l'écran t'indiquant comment le télécharger. Si cela n'est pas le cas, connecte-toi sur notre site Quicklinks et clique sur « Besoin d'aide ? ». Tu y trouveras des liens pour télécharger les plug-ins.

LA SÉCURITÉ SUR INTERNET

Lorsque tu utilises Internet, suis toujours les conseils suivants :

- Demande la permission à un adulte (parent, gardien ou professeur) avant de te connecter.
- Si un site te demande de t'inscrire avant de te connecter en tapant ton nom ou adresse électronique, demande d'abord la permission à un adulte.
- Si tu reçois un message électronique de provenance inconnue, parles-en à un adulte avant d'y répondre.
- N'accepte jamais de rencontrer une personne dont tu as fait la connaissance sur Internet.

NOTE POUR LES PARENTS

Tous les sites Web proposés dans ce livre sont régulièrement revus et les liens mis à jour. Toutefois, le contenu d'un site peut changer à tout moment et les éditions Usborne ne sauraient être tenues responsables du contenu de sites Web autres que le leur. Nous recommandons aux adultes d'encadrer les jeunes enfants lorsqu'ils consultent Internet, de leur interdire l'accès aux chat rooms (salles de discussion) et d'utiliser un système de filtrage afin de bloquer l'accès à tout matériel indésirable. Les parents doivent s'assurer en outre que les enfants ont bien lu et suivent les règles de sécurité mentionnées ci-dessus. Pour d'autres renseignements, voir « Besoin d'aide ? » sur le site Quicklinks.

LES IMAGES TÉLÉCHARGEABLES

Les images du livre indiquées avec le symbole ★ peuvent être téléchargées à partir de notre site Quicklinks pour ton usage personnel, par exemple pour un projet scolaire. Ces images sont sous copyright Usborne et ne doivent pas être utilisées dans un but commercial.

www.usborne-quicklinks.com/fr

Va sur le site Quicklinks d'Usborne pour :

- avoir des liens directs à tous les sites Web proposés dans le livre
- télécharger gratuitement des images, qui sont signalées tout le long du livre par le symbole ★

OBSERVE PAR TOI-MÊME

Les encadrés *Observe par toi-même* de ce livre proposent des expériences, des activités ou des observations que nous avons testées. Il arrive que des sites Web offrent aussi des expériences. Cet ouvrage s'adressant à des lecteurs d'âges différents, il est important que tu ne réalises pas seul ces expériences, aussi bien celles du livre que celles du Web, car il te faudra utiliser des objets dont tu n'as peut-être pas l'habitude, tel couteau de cuisine ou cuisinière. Demande toujours à un adulte de t'aider.

SOMMAIRE

ÉNERGIE, FORCES ET MOUVEMENT

La physique est la discipline scientifique qui traite de la matière et de l'énergie, des forces qui agissent dans l'univers et des processus qui en résultent. Ainsi, lorsque tu donnes un coup de pied dans un ballon, tu utilises de l'énergie pour créer une force, laquelle, à son tour, engendre un mouvement. Ce livre aborde les différents aspects de l'énergie, des forces et du mouvement, ainsi que les lois physiques qui les gouvernent.

Si ces montgolfières s'élèvent dans le ciel, c'est parce que leur ballon est rempli d'un air chaud. Mais en refroidissant, cet air devient plus lourd et, sous l'effet de l'attraction terrestre, les montgolfières redescendent.

L'ÉNERGIE

Sans énergie, rien ne pourrait croître et se développer, il n'y aurait ni mouvement, ni lumière, ni chaleur, ni bruit. L'énergie se manifeste sous diverses formes comme la chaleur, le son et la lumière. Elle est partout dans la nature, et rien ne se fait sans elle et les diverses formes qu'elle adopte.

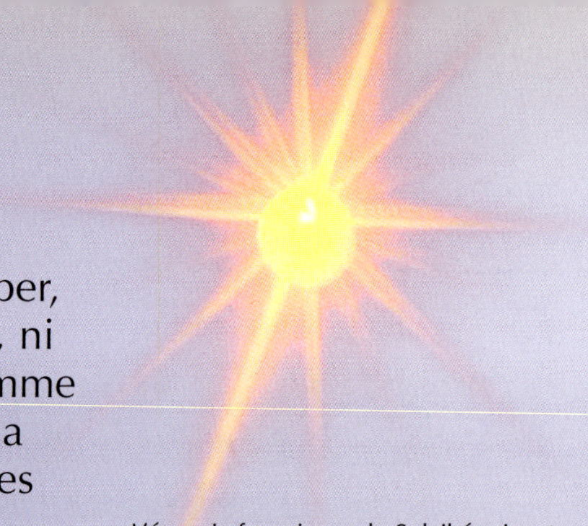

L'énergie fournie par le Soleil équivaut à celle que produiraient un milliard de centrales nucléaires de grande taille.

LES FORMES D'ÉNERGIE

L'énergie existe sous différentes formes qui, toutes, permettent aux choses de se produire. En plus de la chaleur, du son et de la lumière, citons les énergies chimique, cinétique et potentielle.

L'**énergie chimique**, c'est l'énergie libérée lors d'une réaction chimique. Les piles, aliments et combustibles (tels que le charbon, le pétrole, l'essence) sont des réserves d'énergie chimique.

L'**énergie potentielle** correspond à l'énergie possédée par un objet soumis à une force (magnétisme* ou gravité*, par exemple). Tout ce qu'il est possible d'étirer ou d'écraser, comme les élastiques ou les ressorts, renferme une **énergie potentielle élastique**, ou **énergie de déformation**.

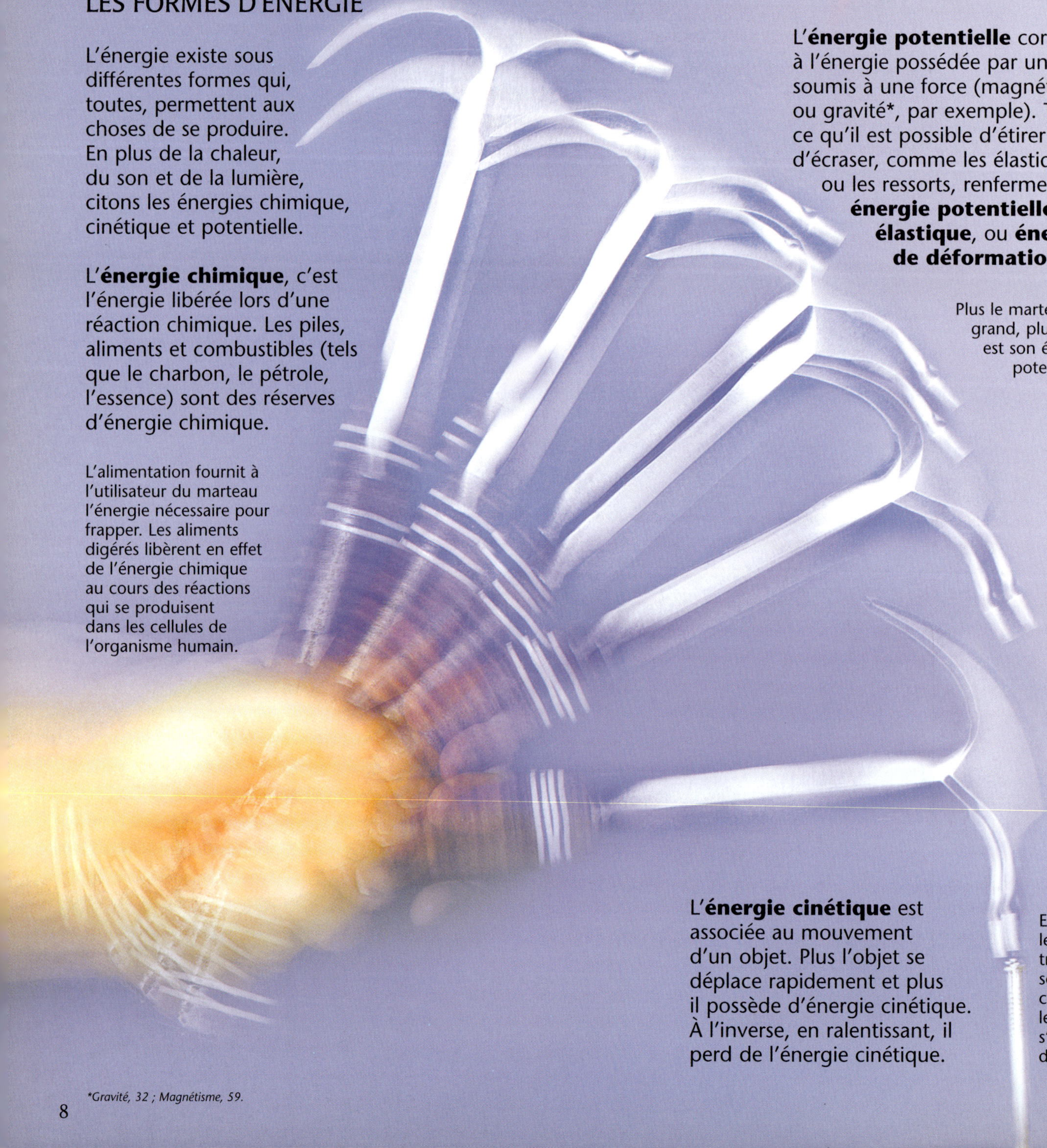

Plus le marteau est grand, plus forte est son énergie potentielle.

L'alimentation fournit à l'utilisateur du marteau l'énergie nécessaire pour frapper. Les aliments digérés libèrent en effet de l'énergie chimique au cours des réactions qui se produisent dans les cellules de l'organisme humain.

L'**énergie cinétique** est associée au mouvement d'un objet. Plus l'objet se déplace rapidement et plus il possède d'énergie cinétique. À l'inverse, en ralentissant, il perd de l'énergie cinétique.

En frappant, le marteau transfère son énergie cinétique sur le clou, qui s'enfonce dans le bois.

Gravité, 32 ; Magnétisme, 59.

LA CONSERVATION DE L'ÉNERGIE

La **loi de la conservation de l'énergie** énonce qu'il n'y a ni création ni perte d'énergie mais seulement transformation en une autre forme. Ainsi, les végétaux utilisent l'énergie solaire pour élaborer leur nourriture et, à leur tour, ils sont mangés par les animaux.

La transformation de l'énergie

1. Les plantes vertes fabriquent leur nourriture en utilisant la lumière solaire.

2. Elles stockent les aliments sous forme d'énergie chimique.

3. Cet oiseau-mouche se nourrit du nectar de la fleur. Quand il bouge, l'énergie chimique se transforme en énergie cinétique mais aussi en une faible quantité d'énergie thermique.

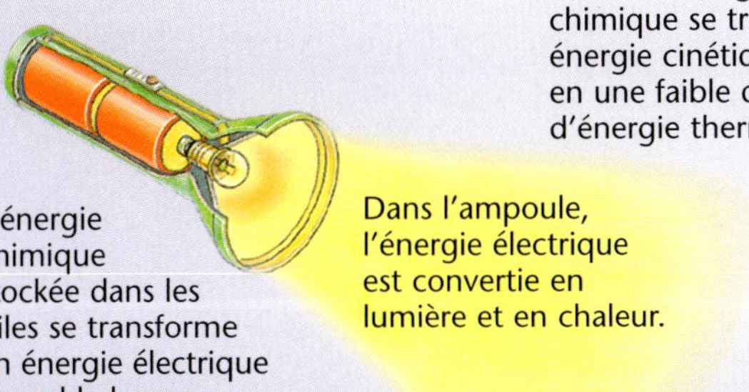

★

L'énergie chimique stockée dans les piles se transforme en énergie électrique quand la lampe est allumée.

Dans l'ampoule, l'énergie électrique est convertie en lumière et en chaleur.

Observe par toi-même

Comme un bateau à aubes, cette boîte d'allumettes avance sur l'eau. L'énergie potentielle élastique qui est emmagasinée dans l'élastique entortillé plusieurs fois se transforme en énergie cinétique qui propulse la boîte.

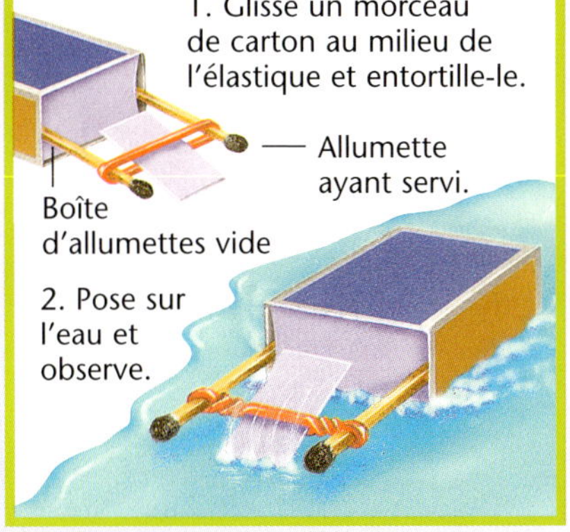

LES CHAÎNES ÉNERGÉTIQUES

Une **chaîne énergétique** permet de comprendre les transformations successives de l'énergie. À droite, les dessins représentent les changements d'énergie qui interviennent dans une centrale électrique lorsque l'énergie chimique produite par le charbon est convertie en énergie électrique.

Centrale électrique au charbon

Dans la plupart des cas, en bout de chaîne, il y a production de chaleur et de lumière. Ces énergies ne sont pas perdues, mais libérées dans la nature sous une forme que l'homme ne sait pas encore utiliser.

Les transformations de l'énergie dans une centrale électrique

Le charbon est constitué des restes fossilisés de végétaux qui poussaient sur Terre il y a des millions d'années. À l'origine, cette réserve chimique d'énergie provient du Soleil.

En brûlant, l'énergie chimique du charbon se transforme en énergie thermique. Elle sert à chauffer de l'eau et à produire de la vapeur.

La vapeur actionne des turbines*. Cela produit de l'énergie cinétique (l'énergie du mouvement).

L'énergie cinétique est convertie en énergie électrique dans un appareil appelé **générateur**.

★ Les appareils électriques, comme les télévisions, les radiateurs et les équipements audio, transforment l'énergie électrique en lumière, en chaleur et en son.

Liens Internet

Pour les liens vers ces sites, connecte-toi à : **www.usborne-quicklinks.com/fr**

Site 1 Une explication sur l'énergie, avec des animations.

Site 2 Un excellent site sur lequel tu trouveras un grand dossier sur l'énergie. Il y a également un minisite consacré à la production d'énergie.

Site 3 Le site du Centre historique minier de Lewarde propose une découverte de l'histoire de l'exploitation du charbon et de la vie quotidienne des mineurs du Nord/Pas-de-Calais.

Site 4 Un état des lieux de l'énergie avant 1750 jusqu'à aujourd'hui.

*Turbine, 49.

LES SOURCES D'ÉNERGIE

L'énergie sert à chauffer et à éclairer les maisons, à cuisiner et à faire fonctionner les usines et les voitures. C'est en brûlant des combustibles ou en exploitant le vent, le Soleil ou l'eau en mouvement qu'il est possible d'obtenir cette énergie.

Dans le monde, environ la moitié de la population brûle du bois, du fumier ou du charbon pour se chauffer ou cuisiner.

Le charbon, le bois, le pétrole et le gaz naturel sont des **sources d'énergie non renouvelables**, car elles sont détruites ou dégradées lors de leur consommation. D'autres sources d'énergie, comme le Soleil, le vent et l'eau, sont **renouvelables**. Elles sont inépuisables malgré leur utilisation.

LA CONSOMMATION DE L'ÉNERGIE

Le graphique ci-dessous indique, en pourcentage, les utilisations domestique et industrielle des différentes sources d'énergie.

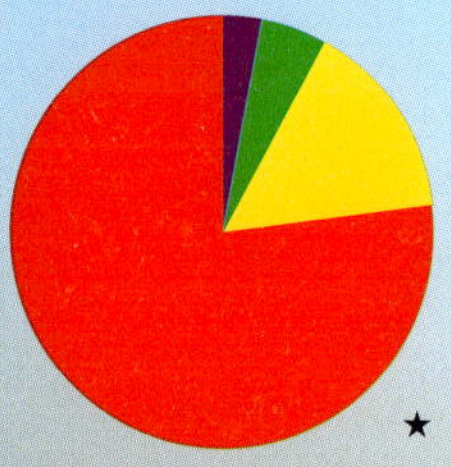

Énergie nucléaire* 3 %

Énergie renouvelable 5 %

Bois 15 %

Combustibles fossiles 77 %

En faisant tourner les pales de cet aérogénérateur (ou éolienne), le vent fournit de l'énergie. En effet, les pales entraînent à leur tour l'arbre de la turbine qui est relié au générateur d'électricité enfermé dans la nacelle. Ainsi, l'énergie du vent se transforme en électricité.

COMBUSTIBLES FOSSILES

Vestiges de plante préhistorique fossilisée dans un morceau de charbon.

Le charbon, le pétrole et le gaz sont des **combustibles fossiles**, car ils proviennent de plantes ou d'animaux disparus il y a des millions d'années. Le charbon, par exemple, représente plus de 20 % de l'énergie mondiale. En brûlant, le combustible fossile libère dans l'atmosphère du gaz carbonique et d'autres gaz, qui sont en partie responsables des pluies acides et de l'effet de serre*.

L'ÉNERGIE RENOUVELABLE

Les sources d'énergie renouvelables représentent 5 % de l'énergie mondiale. En voici deux exemples (pour l'énergie solaire, aussi une source inépuisable, voir ci-contre).

L'hydroélectricité

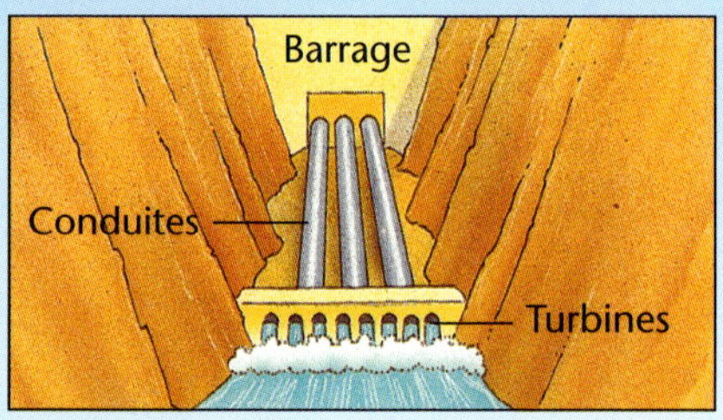

L'eau, retenue par le barrage, circule dans des conduites et actionne des turbines qui génèrent de l'électricité. Cette énergie s'appelle l'hydroélectricité.

Le biogaz

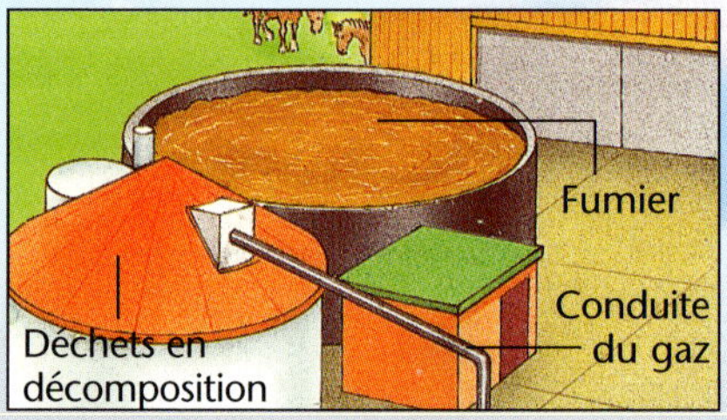

La matière organique en décomposition produit des gaz. En brûlant, ces gaz, dits biogaz, fournissent de l'eau et de la chaleur pour chauffer des bâtiments.

*Effet de serre, 58 ; Énergie nucléaire, 18.

L'ÉNERGIE SOLAIRE

L'énergie fournie par le Soleil, ou **énergie solaire**, donne chaleur et lumière. Ces énergies thermique et lumineuse se déplacent sous la forme d'ondes électromagnétiques* et peuvent chauffer de l'eau au moyen de **capteurs solaires** ou produire de l'électricité au moyen de **cellules photovoltaïques**.

Dans le capteur solaire, la chaleur du Soleil est absorbée par le panneau noir de l'absorbeur. Cela permet de chauffer l'eau circulant dans les tuyaux.

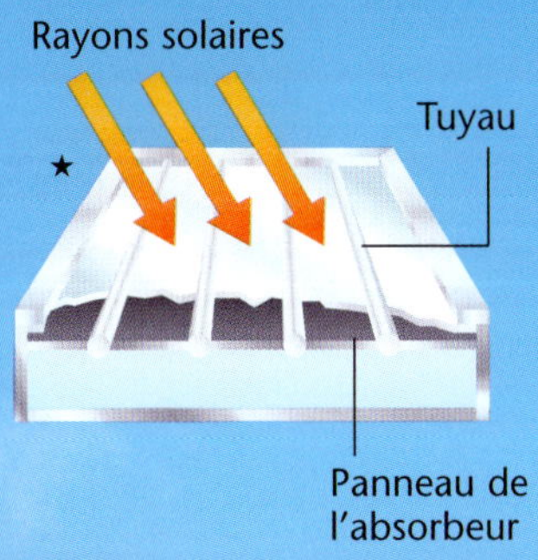

Diagramme schématisant un toit équipé d'un système de chauffage solaire. L'eau chaude sert à une utilisation domestique (lessive par exemple) ou à alimenter le chauffage central.

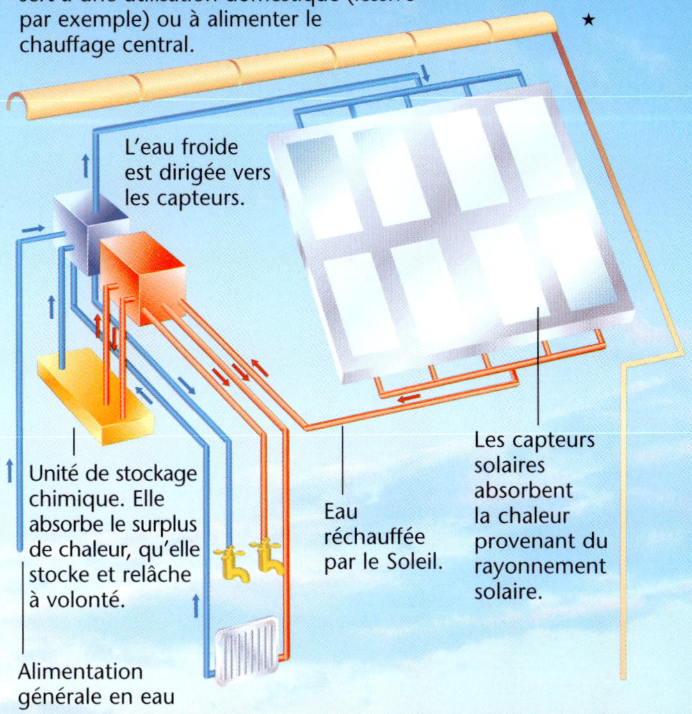

LE RENDEMENT ÉNERGÉTIQUE

Pour fonctionner, les machines convertissent une forme d'énergie en une autre. Elles sont efficaces à partir du moment où elles transforment la plus grande partie de l'énergie nécessaire en énergie demandée.

Les nouvelles lampes à tube fluorescent économisent l'énergie, car elles réussissent à convertir une plus grande quantité d'énergie électrique en lumière tout en perdant moins de chaleur.

MESURER L'ÉNERGIE

L'énergie se mesure en **joule (J)**. Mille joules équivalent à un **kilojoule (kJ)**. La valeur nutritive, qui varie en fonction des aliments, s'exprime aussi en joule, mais on emploie souvent l'ancienne unité, la **calorie**.

Une pomme de taille standard (100 g) contient 150 kJ d'énergie chimique. À poids équivalent, du chocolat représente 2 335 kJ.

L'unité de **puissance** est le **watt (W)**. Un watt équivaut à un joule par seconde. Plus une machine produit d'énergie pendant un temps donné et plus elle est puissante.

Ampoule de 100 watts — Ampoule de 60 watts

Une ampoule de 60 watts consomme 60 joules d'énergie par seconde. Une ampoule de 100 watts consomme 100 joules par seconde et produit davantage de chaleur et de lumière.

Observe par toi-même

Lorsqu'il fait chaud et que le soleil brille, fais cette expérience et tu comprendras comment l'énergie solaire peut chauffer. Enroule un tuyau d'arrosage en le laissant exposé autant que possible au soleil. Branche-le à un robinet que tu ouvres pour laisser l'eau circuler et le remplir. Ferme et bouche le tuyau avec un bouchon de liège.

Au bout d'une heure, enlève le bouchon et constate combien l'eau qui s'écoule est chaude. Le tuyau a absorbé la chaleur solaire, ce qui a réchauffé l'eau.

Liens Internet

Pour les liens vers ces sites, connecte-toi à : **www.usborne-quicklinks.com/fr**

Site 1 Un site exhaustif qui traite de l'énergie éolienne : des moulins à vent aux éoliennes modernes, comment fonctionne une éolienne, tels sont quelques-uns des sujets abordés ici.

Site 2 L'éolien, le solaire thermique, le solaire photovoltaïque, le biogaz, le bois, etc. : un site consacré aux énergies renouvelables.

Site 3 Les combustibles fossiles : quels usages et quelles réserves dans le monde.

Site 4 L'utilisation de la force des marées avec l'usine marémotrice de la Rance.

*Onde électromagnétique, 59.

LA CHALEUR

La chaleur est une forme d'énergie qui circule d'un point à un autre selon la différence de température. La **température** détermine la sensation de chaud ou de froid.

L'ÉNERGIE THERMIQUE

Quand une substance absorbe de la chaleur, il y a augmentation de son **énergie interne**. L'énergie interne est composée de l'énergie cinétique* des particules en mouvement dans la substance et de leur énergie potentielle*.

Ce fleuve de lave en fusion s'est formé quand les roches constituant les couches internes de l'écorce terrestre ont fondu sous l'effet de la chaleur.

Glaçons dans un verre d'eau

La chaleur se déplace d'un point chaud à un point plus froid et ne se stabilise que lorsque la température est homogène. Par exemple, des glaçons flottant dans un verre d'eau reçoivent la chaleur perdue par le liquide et se mettent à fondre. Peu à peu, toutes les molécules de l'eau, ainsi que celles des glaçons, atteignent la même température.

LA MESURE DE LA CHALEUR

Comme toutes les autres formes d'énergie, la chaleur se mesure en **joule (J)**, du nom du chercheur britannique James Joule (1818-1889). Il fut le premier à reconnaître que la chaleur est une forme d'énergie. À l'aide d'une machine ressemblant au dessin ci-dessous, il a démontré comment l'énergie potentielle perdue par des poids qui tombent est reçue par l'eau sous la forme d'énergie thermique.

L'expérience de Joule

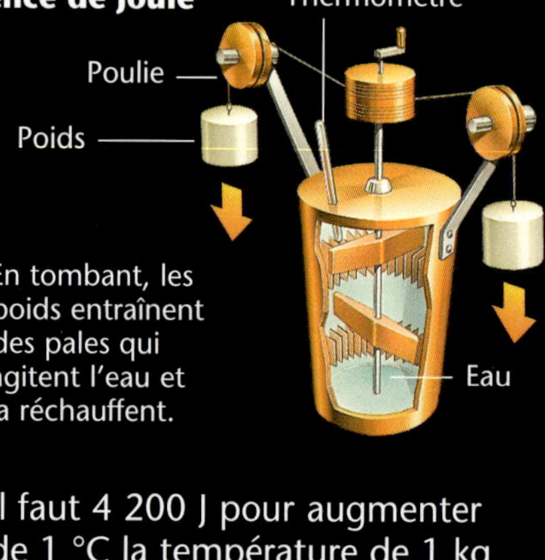

En tombant, les poids entraînent des pales qui agitent l'eau et la réchauffent.

Il faut 4 200 J pour augmenter de 1 °C la température de 1 kg d'eau pure.

L'EXPANSION

La plupart des substances se dilatent sous l'effet de la chaleur, car les particules qui les composent vibrent avec plus de vigueur et se repoussent les unes les autres. Les gaz et les liquides se dilatent davantage que les solides. Ils se libèrent en effet plus aisément des liens existant entre leurs molécules en raison d'une force énergétique plus élevée.

Le taux de dilatation dépend du solide chauffé. Ainsi, si l'on chauffe une lame composée de deux bandes de métaux différents soudés sur la longueur, du cuivre et du fer, on s'aperçoit que le cuivre se dilate davantage que le fer. Le **bilame** ainsi créé se courbe.

Les **thermostats** (appareils servant à maintenir constante la température) sont souvent équipés de bilames qui ouvrent ou ferment le circuit électrique.

Bilame métallique dans un thermostat

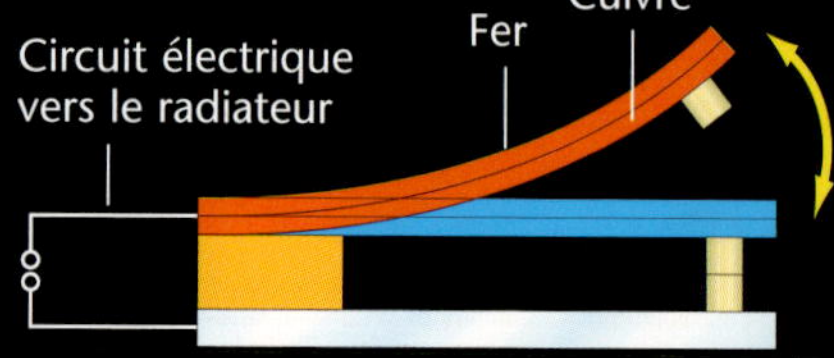

Observe par toi-même

Secoue doucement un pot en verre rempli de pois secs. Le contenu vibre, mais les pois bougent à peine. C'est ce qui se passe dans un solide chauffé légèrement. Les particules qui le composent s'agitent doucement.

**Énergie cinétique, Énergie potentielle, 8.*

LA CAPACITÉ THERMIQUE

Deux substances distinctes, de même poids et portées à la même température pendant le même temps, ne réagissent pas de la même façon, car elles ne possèdent pas la même **capacité thermique**.

Par exemple, l'huile et l'eau possèdent chacune leur propre capacité thermique.

Eau Huile

La même quantité de chaleur chauffe l'huile davantage que l'eau.

La brise de mer est due à la différence de capacité thermique entre la terre et la mer. De jour, comme la terre se réchauffe plus vite que la mer, l'air chaud au-dessus de la terre s'élève et de l'air plus froid souffle de la mer.

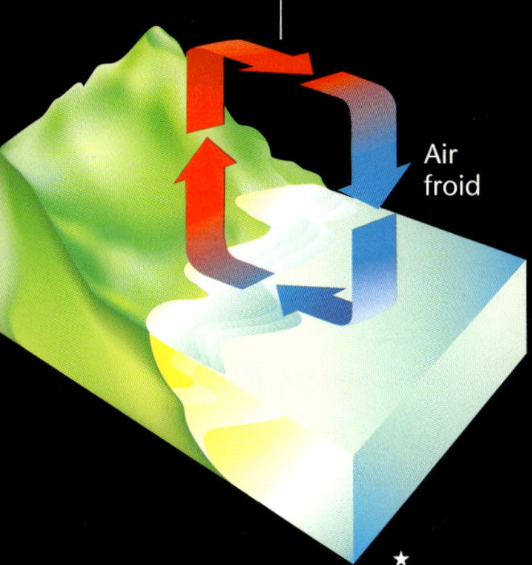

La brise marine est un phénomène qui apparaît surtout par temps chaud.

Les unités de mesure de la température sont le degré Celsius (°C), le degré Fahrenheit (°F) ainsi qu'une échelle de température absolue en kelvin (K).

L'**échelle Celsius** possède deux points fixes : les points de congélation (0 °C) et d'ébullition (100 °C) de l'eau. L'intervalle entre 0-100 est divisé en cent parties égales, chaque centième représentant un degré.

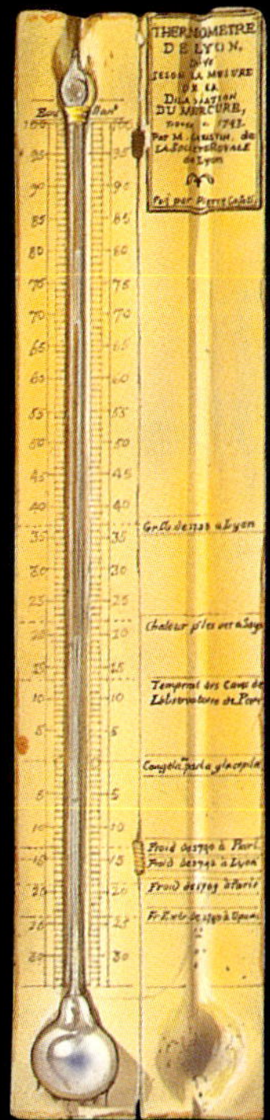

Un des premiers thermomètres à utiliser l'échelle Celsius

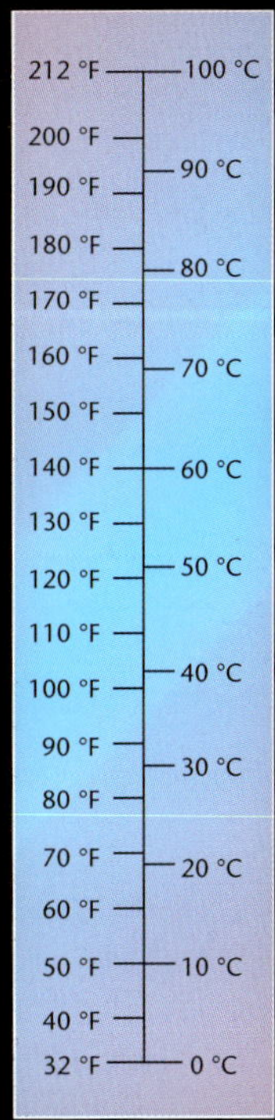

Correspondances entre les échelles Fahrenheit et Celsius

Dans l'**échelle Fahrenheit**, le principe est le même, mais 32 °F correspondent à la température de la congélation de l'eau et 212 °F à celle de l'ébullition de l'eau. Cela fait 180 degrés d'intervalle.

L'**échelle de température absolue** est divisée en **kelvins** (**K**). Comme dans l'échelle Celsius, l'échelle débute au point dit **zéro absolu** (zéro K) qui équivaut à – 273 °C. À cette température, une substance quelconque ne peut plus perdre d'énergie.

LES THERMOMÈTRES

Un **thermomètre** est un instrument de mesure de la température. Il contient soit un liquide qui se dilate sous l'effet de la chaleur, soit un fil dont la résistance au courant électrique varie en fonction de la température.

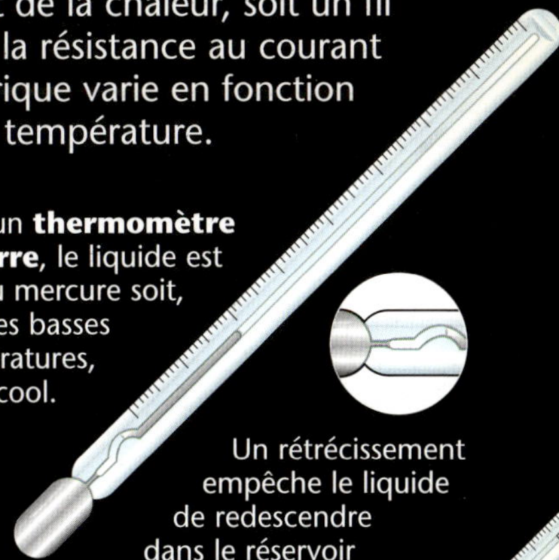

Dans un **thermomètre en verre**, le liquide est soit du mercure soit, pour les basses températures, de l'alcool.

Un rétrécissement empêche le liquide de redescendre dans le réservoir avant la lecture de la température.

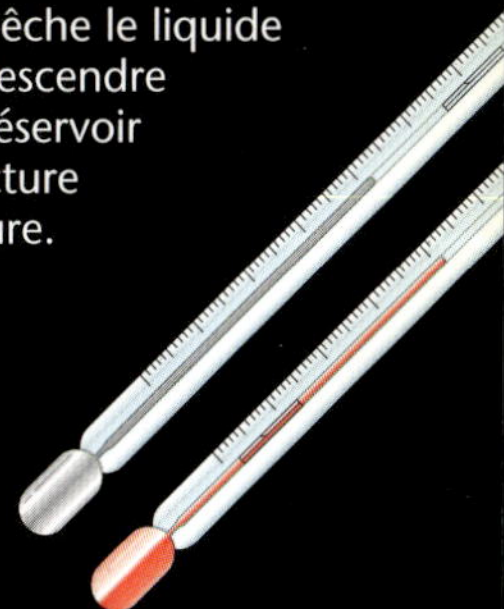

Les **thermomètres à maximum** et **à minimum** contiennent des index qui indiquent les températures les plus élevées et les plus basses.

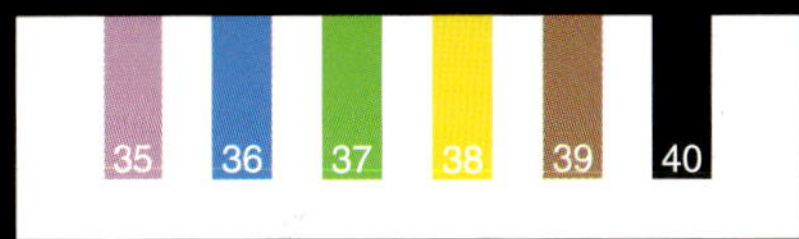

Dans un **thermomètre à cristaux liquides**, la couleur du cristal chauffé renseigne sur la température.

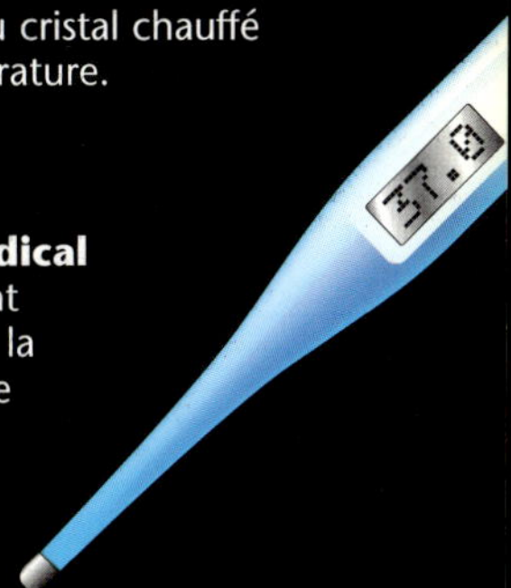

Le **thermomètre médical** renferme un composant électronique sensible à la chaleur. La température apparaît en lecture numérique.

Liens Internet

Pour les liens vers ces sites, connecte-toi à : **www.usborne-quicklinks.com/fr**

Site 1 Une introduction à la notion de chaleur, et la transformation des énergies mécanique et électrique en chaleur.

Site 2 L'histoire du thermomètre et comment convertir les degrés Celsius en degrés Fahrenheit et vice-versa.

Site 3 Tu peux ici te documenter sur les instruments de mesure de la température et de l'humidité.

LE TRANSFERT DE CHALEUR

La chaleur se transmet d'un milieu à un autre par convection, par conduction ou par rayonnement.

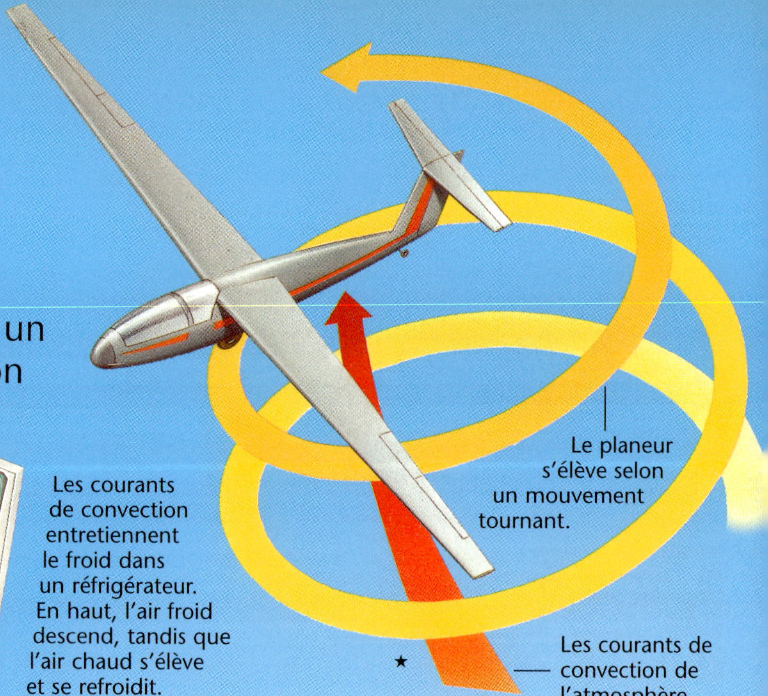

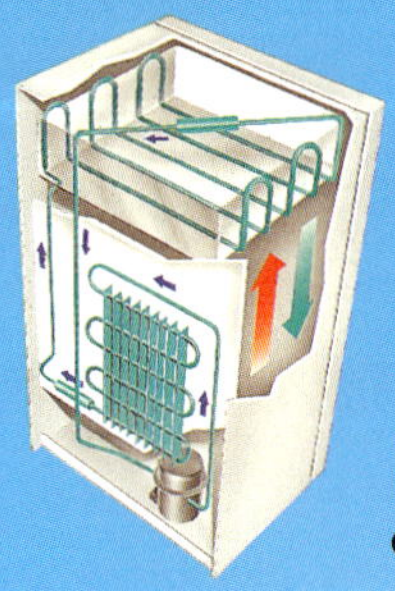
Les courants de convection entretiennent le froid dans un réfrigérateur. En haut, l'air froid descend, tandis que l'air chaud s'élève et se refroidit.

LA CONVECTION

La **convection** est le principal mode de transfert thermique dans les liquides et les gaz. Sous l'effet de la chaleur, la partie d'un liquide ou d'un gaz la plus proche de la source thermique se dilate. Elle devient moins dense* et s'élève ; la partie plus froide qui est plus dense, donc plus lourde, descend. Ces mouvements en milieux liquides et gazeux sont dits **courants de convection**.

Les courants de convection transportent les nuages de cendre éjectée par le volcan dans la haute atmosphère.

Le modèle planétaire de la circulation des vents dépend des courants de convection. En effet, comme les régions de l'équateur reçoivent une plus grande quantité d'énergie solaire et que l'air, plus chaud, s'y dilate davantage et s'élève, alors l'air plus froid et plus dense s'engouffre dans l'espace en créant un vent.

Observe par toi-même

Laisse tomber doucement une plume ou un bout de papier léger au-dessus d'un radiateur chaud et observe-les s'élever.

En réchauffant l'air situé directement au-dessus de lui, le radiateur le fait monter, ce qui crée un courant de convection. Si la plume ou le papier sont assez légers, celui-ci les entraîne dans son ascension.

*Densité, 41.

LA CONDUCTION

La **conduction** assure le transfert thermique à travers les solides. L'énergie des particules situées à proximité d'une source de chaleur augmente. Elles s'agitent et cèdent alors une partie de cette énergie sous forme de chaleur à travers la substance.

Avec ses grandes oreilles, le fennec est adapté au désert. La chaleur en excès est transférée par conduction des oreilles à l'air extérieur, où elle se diffuse par convection.

Les métaux sont de bons **conducteurs**, car, à la vibration de leurs particules, il faut ajouter le déplacement libre de leurs électrons*. Ils transfèrent ainsi la chaleur autour d'eux de manière plus efficace. Les substances dans lesquelles la chaleur se propage lentement sont dites **isolantes** : le bois, l'eau, l'air et les matières qui emprisonnent l'air, comme la laine, la fourrure et les plumes.

Les métaux chauffent rapidement. Ce sont de bons conducteurs.

La chaleur se répand avec rapidité à travers les particules de métal.

La graisse et les plumes isolent du froid les oiseaux, comme ce manchot empereur.

LE RAYONNEMENT

La chaleur se transmet aussi par **rayonnement**, une énergie circulant sous la forme d'ondes électromagnétiques*.

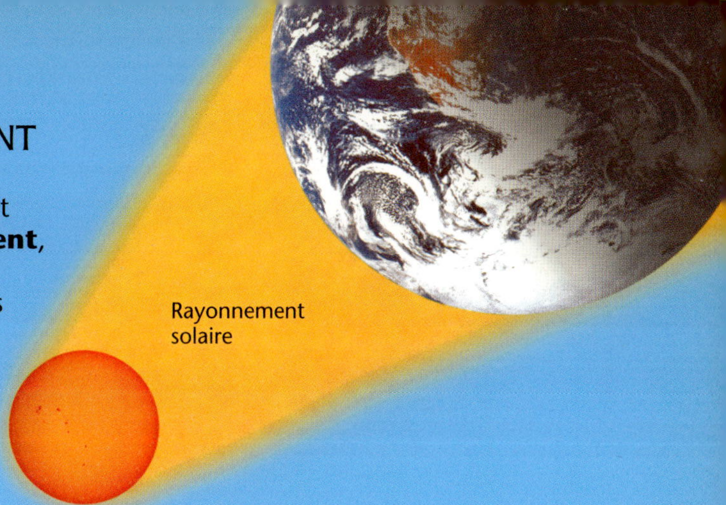

Le rayonnement solaire voyage à 300 millions de mètres par seconde. Il lui faut environ 8 minutes pour atteindre la Terre.

Le rayonnement n'est pas dû au mouvement des particules. C'est, de plus, la seule forme d'énergie qui peut traverser le **vide** (un espace sans matière). Tous les types de rayonnement, comme les rayons lumineux, réchauffent les objets. C'est le **rayonnement infrarouge** qui cause l'élévation de température la plus grande.

Le Soleil mais aussi des objets chauds, comme les flammes ou les ampoules, émettent un rayonnement infrarouge. Les objets de couleur sombre absorbent le rayonnement, tandis que ceux de couleur claire le réfléchissent et restent frais.

En Antarctique, la neige réfléchit plus de 90 % du rayonnement solaire dans l'atmosphère. Comme la surface reçoit peu de chaleur, l'air reste froid.

Rayonnement solaire réfléchi sur la neige.

LA BOUTEILLE THERMOS

La **bouteille Thermos** est un récipient qui permet de conserver les boissons à température constante. Elle est composée de deux conteneurs en verre insérés l'un dans l'autre et séparés par du vide. Ce vide empêche tout transfert de chaleur par conduction ou par convection (voir à gauche). De plus, les surfaces brillantes réduisent la quantité de chaleur transférée par rayonnement.

Bouteille Thermos

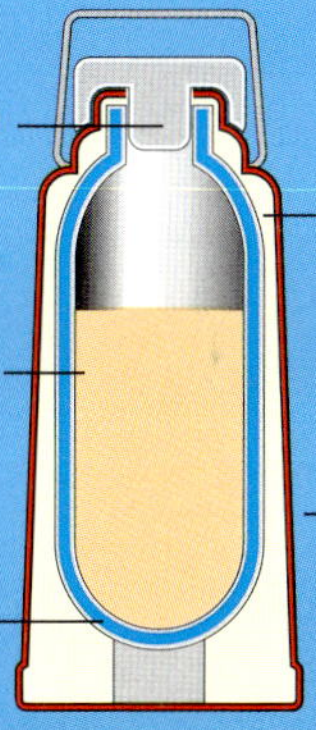

Liens Internet

Pour les liens vers ces sites, connecte-toi à : **www.usborne-quicklinks.com/fr**

Site 1 Une explication claire sur les courants de convection, avec une expérience et des questions-réponses.

Site 2 Le transfert de chaleur, avec des expériences sur la conduction, la convection et le rayonnement.

Site 3 Un lien qui traite des matériaux conducteurs et isolants.

Site 4 Un bilan radiatif complet du Soleil.

Site 5 La petite histoire du réfrigérateur.

*Électron, 58 ; Onde électromagnétique, 59.

LA RADIOACTIVITÉ

La matière est constituée de particules appelées **atomes**. Chaque atome contient un **noyau**, composé de **protons** et de **neutrons**, qui renferme une grande quantité d'énergie, l'**énergie nucléaire**. Certaines substances sont **radioactives**, c'est-à-dire que leurs atomes émettent de l'énergie sous forme de radiation. Selon leur utilisation, les radiations sont plus ou moins nocives.

Les particules alpha forment des groupes constitués de deux protons et de deux neutrons.

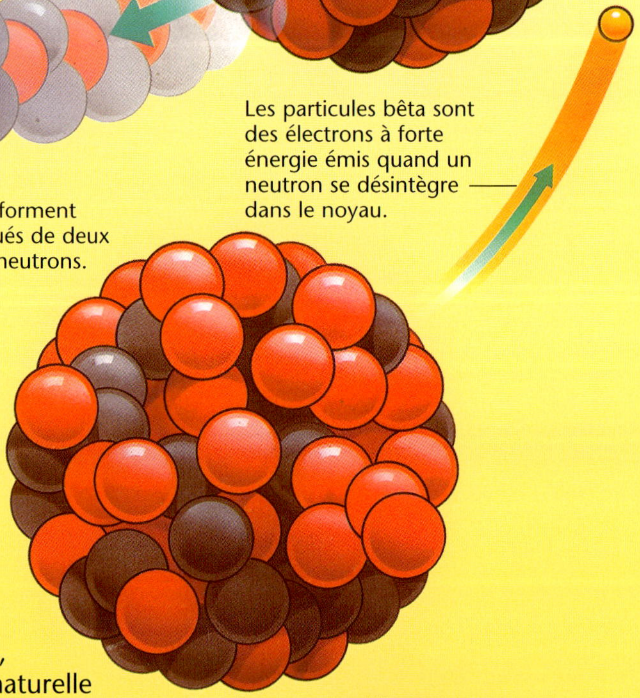

Les particules bêta sont des électrons à forte énergie émis quand un neutron se désintègre dans le noyau.

LES TYPES DE RADIATION

Par définition, une substance radioactive est **instable**. Pour retrouver leur stabilité, les atomes doivent perdre une partie de leur énergie nucléaire sous forme de radiation.

On distingue trois types de radiation : **alpha**, **bêta** et **gamma**. Les rayons alpha et bêta se présentent sous la forme d'un flux de particules ; les rayons gamma sont des ondes électromagnétiques* d'une extrême puissance.

On utilise les trois lettres grecques ci-dessous pour désigner les types de radiation.

α	β	γ
Alpha	Bêta	Gamma

En premier, le noyau émet des particules soit alpha soit bêta, puis des rayons gamma s'il possède assez d'énergie.

Les trois noyaux présentés sur cette page sont tous instables. Chacun émet un type de radiation différent.

Les particules alpha se déplacent lentement et sont arrêtées par toute substance plus épaisse qu'une feuille de papier. Comme elles sont identiques au noyau de l'atome d'hélium, d'après les physiciens, c'est la radioactivité naturelle de la Terre qui engendre l'hélium. Les particules bêta pénètrent davantage la matière. Beaucoup approchent la vitesse de la lumière. Les rayons gamma sont les plus pénétrants.

Les particules radioactives

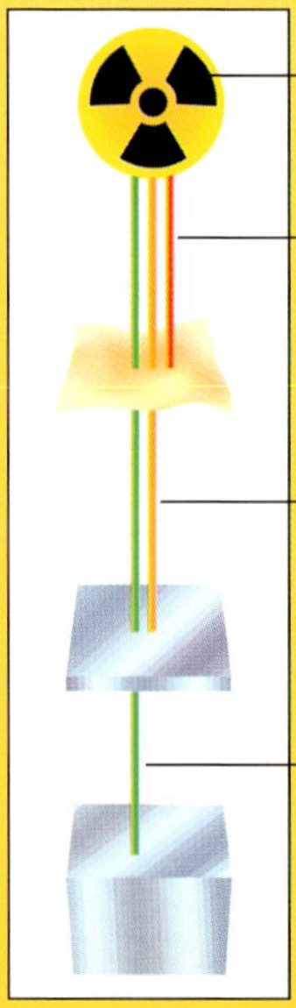

Symbole de la radioactivité

Une couche d'air inférieure à 10 cm retient la particule alpha. Du papier épais l'absorbe.

La particule bêta est arrêtée par une couche d'air de 1 m ou absorbée par une plaque de cuivre de 1 mm d'épaisseur.

L'intensité des rayons gamma est diminuée de moitié par 13 mm de plomb ou par environ 120 m d'air. ★

★ Les rayons gamma sont des ondes électromagnétiques à forte énergie qui se déplacent à la vitesse de la lumière.

*Onde électromagnétique, 59

LES APPLICATIONS

Dans l'industrie, les radiations servent à vérifier l'épaisseur des feuilles de plastique et de papier. Il est en effet possible de détecter de minuscules irrégularités en mesurant la quantité de rayons bêta qui traverse chaque feuille. Les rayons gamma sont employés à l'irradiation des aliments. Fruits et viande restent ainsi frais.

Au bout de deux semaines, ces fraises irradiées sont encore fraîches.

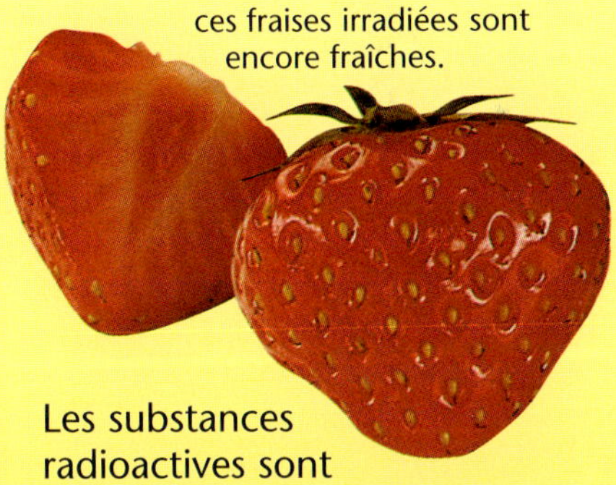

Les substances radioactives sont aussi employées à l'hôpital sous forme de **traceurs**. Par exemple, quand un médecin cherche à comprendre comment le corps d'un de ses patients réagit face à un apport de sucre, il marque les molécules de sucre en leur ajoutant du carbone 14 radioactif et suit la trace radioactive émise.

La **radiothérapie** se sert de doses de radiation contrôlées avec soin pour tuer les cellules cancéreuses, des cellules vivantes qui se multiplient de façon anarchique.

Patient en radiothérapie

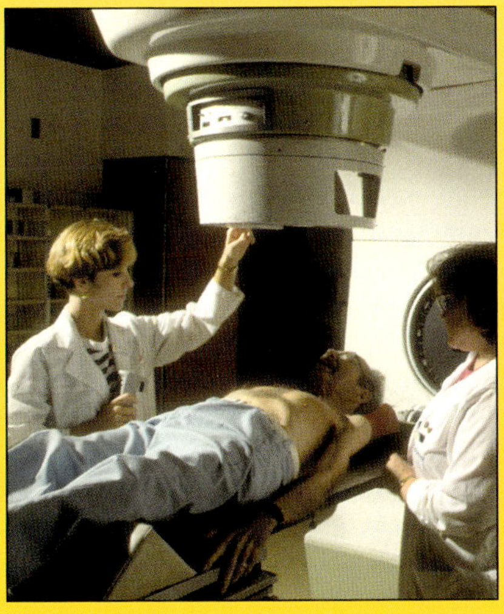

LA DURÉE DE VIE

Un élément dont le noyau perd des particules se transforme en un autre élément. On dit qu'il se **désintègre**. Si le nouvel élément créé est lui aussi instable, le processus de désintégration continue tant que le nouveau noyau n'est pas stable.

Par exemple, du plutonium 242, une substance radioactive instable, émettant une particule alpha (deux protons et deux neutrons) se transforme en uranium 238, puis en thorium 234 (ce processus est illustré dans le schéma ci-dessous).

Les numéros inscrits en face des symboles des substances représentent la masse atomique (en haut) et le numéro atomique (en bas). La **masse atomique** est le nombre de neutrons et de protons contenus dans un noyau. Le **numéro atomique** indique le nombre de protons.

Désintégration radioactive du plutonium

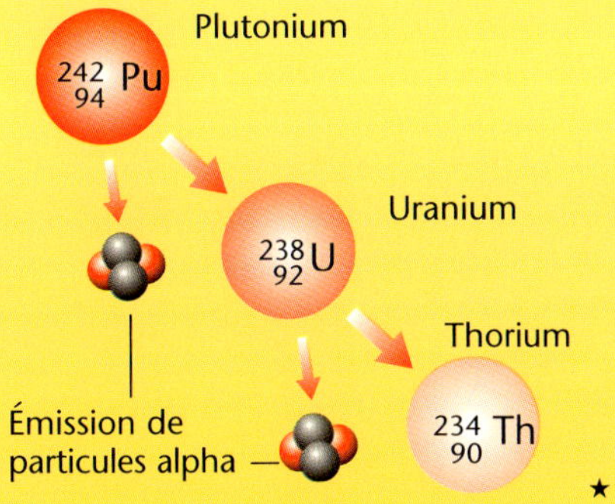

★

Le temps moyen nécessaire pour que l'activité d'une source radioactive atteigne la moitié de sa valeur initiale est appelé **période**. C'est le temps qu'il faut à la moitié du noyau pour se désintégrer. Chaque élément radioactif possède sa propre période. Ainsi, le radium 221 a une période de 30 secondes et l'uranium 238, de 4,5 milliards d'années.

LA DATATION AU CARBONE

La **datation au carbone** est une méthode de détermination du temps écoulé depuis la mort d'un organisme. Tous les organismes vivants renferment une petite quantité de carbone 14 (dont la période est de 5 700 ans). À leur mort, le carbone 14 se désintègre, et cette décroissance progressive de la radioactivité permet de dater les vestiges.

Avec la datation au carbone 14, on sait que cet insecte fut piégé dans l'ambre il y a cinq mille ans.

DANGER !

Les substances radioactives sont transportées dans des conteneurs constitués d'une épaisse couche de plomb qui confine les radiations. Toute exposition pourrait causer des brûlures, des cataractes et des cancers.

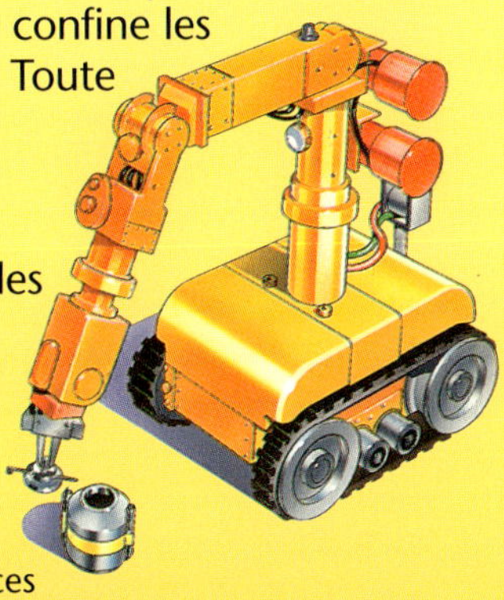

Les substances radioactives dangereuses sont manipulées par des robots.

Liens Internet

Pour les liens vers ces sites, connecte-toi à : **www.usborne-quicklinks.com/fr**

Site 1 Une remontée dans le temps : les méthodes de datation.

Site 2 L'atome, la radioactivité, les rayonnements : notions fondamentales.

Site 3 La radioactivité, et écoute-la avec un compteur Geiger.

Site 4 Le centenaire de la découverte de la radioactivité.

Site 5 La radioactivité dans la vie quotidienne et dans le nucléaire.

L'ÉNERGIE NUCLÉAIRE

La maîtrise des réactions nucléaires permet d'exploiter l'énergie nucléaire. Elle est produite en vue d'utilisations industrielles et domestiques. Mais le nucléaire, ce sont aussi les armes atomiques et les dangers inhérents.

LES RÉACTIONS NUCLÉAIRES

Il existe deux types de réaction nucléaire : la **fusion** et la **fission**. Lors de la fusion nucléaire, deux noyaux atomiques de petite taille s'agglomèrent et forment un noyau de grande taille. La fusion ne se manifeste que si la température est extrêmement élevée. La quantité d'énergie libérée est alors énorme.

La poussière rejetée lors d'une explosion nucléaire est hautement radioactive*. Elle contamine tout ce qu'elle touche.

La fusion nucléaire

Deux noyaux s'unissent et forment un noyau de grande taille.

Lors de la fission, le noyau d'un atome est bombardé de neutrons*. En se cassant, le noyau libère des neutrons ainsi qu'une grande quantité d'énergie. Ce type de réaction se produit à l'intérieur des réacteurs nucléaires (voir la page ci-contre).

La fission nucléaire

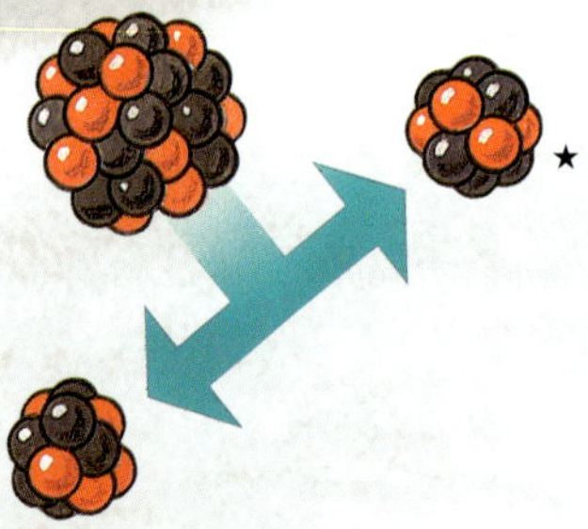

Un noyau se brise en formant deux noyaux, voire davantage.

L'ARMEMENT NUCLÉAIRE

Les **armes nucléaires** engendrent des réactions nucléaires incontrôlées, car l'énergie est libérée sous la forme d'explosions massives. Les **bombes atomiques** utilisent les réactions de fission nucléaire, sauf la **bombe H** (bombe à hydrogène) qui exploite le principe de la fusion nucléaire. Lors de la Seconde Guerre mondiale, les États-Unis ont lancé des bombes atomiques sur les villes de Hiroshima et de Nagasaki, au Japon, faisant des milliers de morts.

Bombe atomique de la Seconde Guerre mondiale

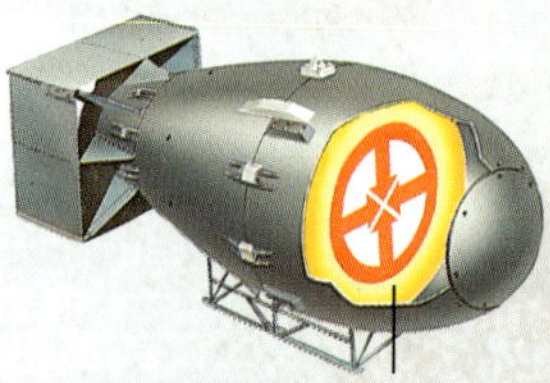

Le plutonium radioactif* est confiné dans la tête.

Neutron, Radioactivité, 16.

LES RÉACTEURS NUCLÉAIRES

L'énergie qui se dégage lors des réactions contrôlées de fission sert à générer de l'électricité, mais aussi à faire fonctionner les sous-marins et les porte-avions nucléaires.

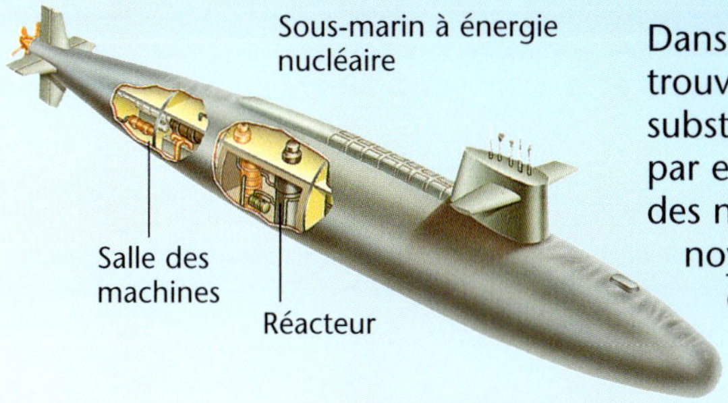

Les réactions nucléaires se déroulent dans les **réacteurs** (voir le réacteur à eau sous pression illustré dans le schéma ci-dessous).

Dans un réacteur nucléaire, on trouve des barres faites dans une substance radioactive (uranium par exemple) bombardée par des neutrons*. En se cassant, les noyaux libèrent des radiations et davantage de neutrons. C'est le début d'une réaction en chaîne.

Les centrales nucléaires produisent de l'électricité en grande quantité, mais les barres de combustible utilisées restent dangereusement radioactives pendant des milliers d'années. Leur retraitement est encore à l'étude.

LE RÉACTEUR À EAU SOUS PRESSION

Un **réacteur à eau sous pression** est un type de réacteur nucléaire propre aux centrales nucléaires. La chaleur libérée dans le cœur du réacteur sert à chauffer de l'eau pour produire la vapeur qui va actionner la turbine*. Celle-ci génère ensuite de l'électricité.

La fission nucléaire se déroule dans le cœur du réacteur nucléaire (1).

Dans le circuit primaire (2), la chaleur dégagée chauffe l'eau sous pression.

La chaleur produite dans le circuit primaire réchauffe l'eau du circuit secondaire et se vaporise (3).

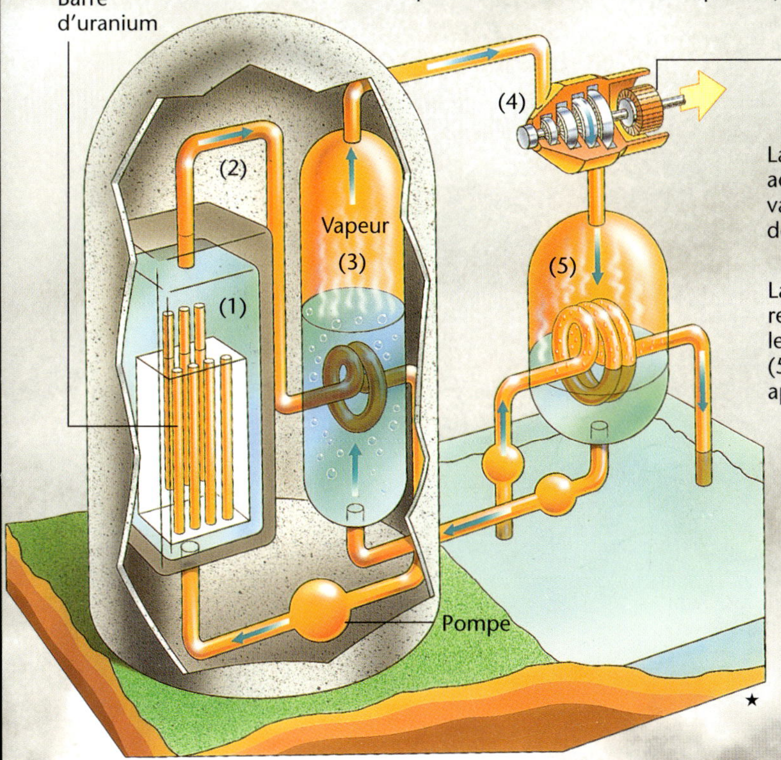

La turbine (4) actionnée par la vapeur génère de l'électricité.

La vapeur est refroidie dans le condenseur (5) par un apport d'eau.

LA SÉCURITÉ AVANT TOUT

Les réactions nucléaires constituent un danger pour tout ce qui vit. Afin de prévenir un accident susceptible de contaminer les terres et les eaux par radiation, des écrans surveillent étroitement le fonctionnement des centrales nucléaires.

Toute activité à risque d'une centrale nucléaire est étroitement surveillée.

Liens Internet

Pour les liens vers ces sites, connecte-toi à : **www.usborne-quicklinks.com/fr**

Site 1 L'énergie nucléaire expliquée sur le site de l'EDF.

Site 2 Une première approche pour comprendre l'atome, la radioactivité et le nucléaire.

Site 3 Le développement de la bombe nucléaire dans l'histoire de l'humanité.

Site 4 Un grand dossier sur la bombe atomique au service de la guerre.

Neutron, 16 ; Turbine, 49.

LES FORCES

Une **force** est une action mécanique quelconque capable de déformer un objet et d'en modifier l'état de repos ou de mouvement, ou encore la trajectoire ou la vitesse. Tirer un objet, le pousser ou le prendre, c'est appliquer une force sur celui-ci. Au repos, des forces s'exercent aussi, même si elles s'annulent.

Des dés lancés roulent et tombent du fait de la gravité.

LES TYPES DE FORCES

Les forces s'exercent sur les objets de diverses façons. Certaines sont visibles, comme le fait de taper dans un ballon, d'autres non, comme le magnétisme* et la gravité*.

La force magnétique qui attire ces punaises sur l'aimant est invisible.

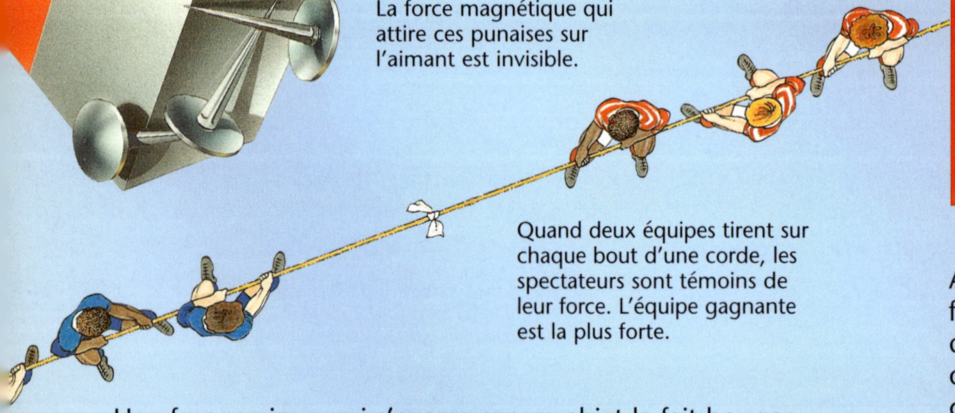
Quand deux équipes tirent sur chaque bout d'une corde, les spectateurs sont témoins de leur force. L'équipe gagnante est la plus forte.

Observe par toi-même

Si tu fais rouler une boule sur un tapis de façon qu'elle en percute une autre, immobile, plusieurs forces entrent alors en jeu : le lancer met la boule en mouvement, elle vient frapper la seconde boule qui bouge, tandis que la surface du tapis ralentit les deux boules jusqu'à l'arrêt (dans ce dernier cas, la surface a exercé une force, la friction).

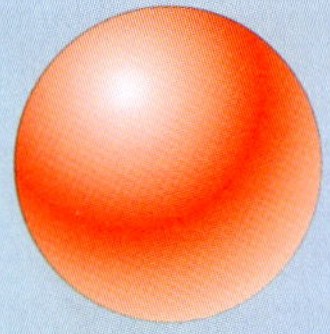

Une force unique qui s'exerce sur un objet le fait bouger, accélérer ou ralentir. Deux forces équivalentes agissant en direction opposée déforment l'objet.

Quand les objets se touchent, les **forces** sont dites **de contact**. Bouger un objet avec les mains, c'est lui appliquer une force de contact.

Avec certaines forces, pas besoin de toucher les objets. C'est le cas des forces dites à distance, comme le magnétisme, l'électricité* et la gravité.

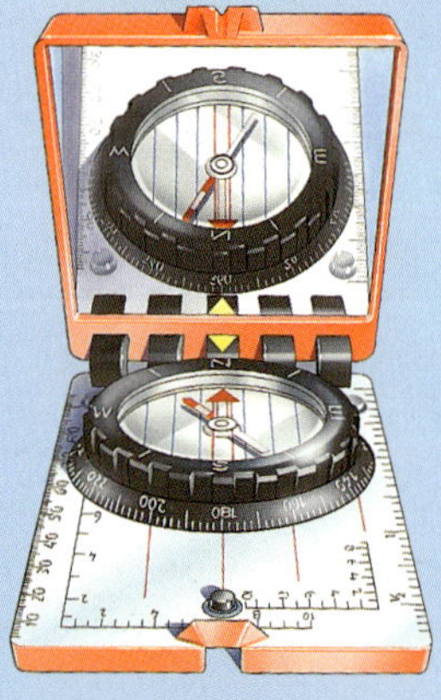
L'aiguille de la boussole pivote sous l'effet du magnétisme terrestre.

Le joueur qui donne un coup de pied dans le ballon applique une force unique mettant la balle en mouvement.

Celui qui attrape le ballon avec les mains exerce une force ralentissant la balle jusqu'à l'arrêter.

Le joueur qui appuie avec le pied sur le ballon rencontre une force égale mais opposée venant du sol.

Les crayons font des marques sur le papier en raison de la force de contact exercée lors de la friction*.

**Force électrique, 59 ; Friction, 26 ; Gravité, 32 ; Magnétisme, 59.*

Dans les montagnes russes, plusieurs forces se manifestent. Elles permettent aux rames composées de petites voitures de gagner de la vitesse, de tourner, de rouler à l'envers et d'accélérer sans sortir des rails.

Si tu te trouves dans les montagnes russes, ton corps ressent diverses forces. Il subit de nombreuses secousses.

MESURER LES FORCES

L'unité de mesure d'une force s'exprime en **newton** (**N**), d'après le savant britannique Isaac Newton (1642-1727). Elle équivaut à la force qui communique à une masse de 1 kg une accélération* de 1 m/s^2, soit à peu près la force qu'il faut pour soulever un verre vide.

Le **dynamomètre** (voir ci-contre) mesure la valeur en newton d'une force. Le ressort, fixé à l'une des extrémités, se tend sous l'effet de la force exercée. Plus le ressort est étiré, plus la force appliquée est grande, car, selon la **loi de Hooke**, les déformations sont proportionnelles aux forces qui les provoquent.

Dynamomètre

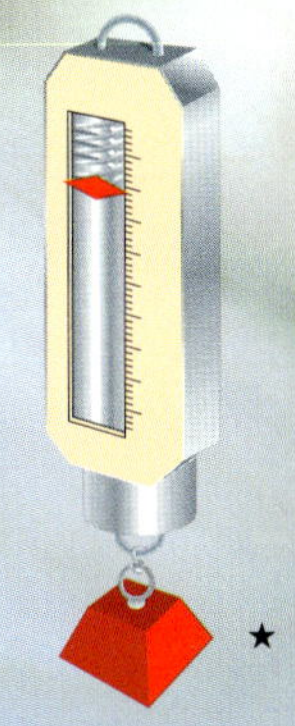

La force du poids étire le ressort vers le bas.

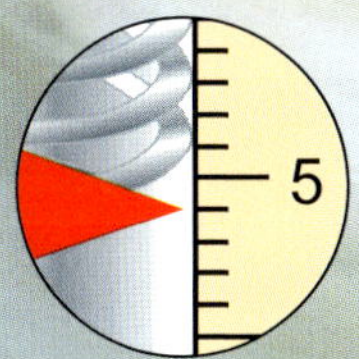

L'échelle indique la valeur en newton.

GRANDEURS VECTORIELLES ET SCALAIRES

Une force est définie par une intensité et une direction. En physique, des objets définis par une intensité et une direction sont des **grandeurs vectorielles**, comme le poids, le vecteur vitesse* et l'accélération*. Une grandeur qui a une intensité mais pas de direction est une **grandeur scalaire** (caractérisée par une seule valeur numérique). Température, temps et masse sont des grandeurs scalaires. Elles peuvent être basses ou élevées, mais n'ont pas de direction.

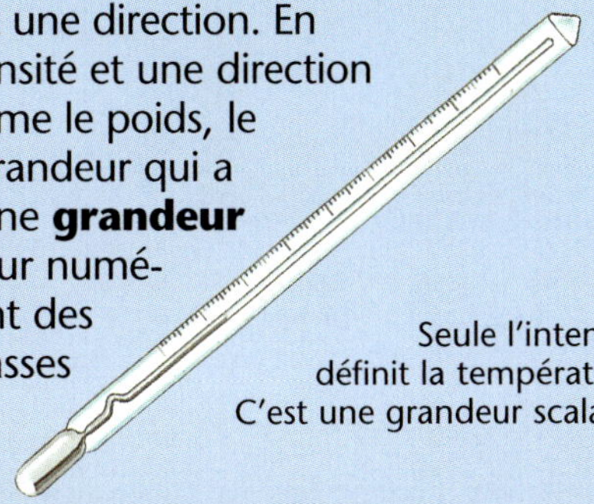

Seule l'intensité définit la température. C'est une grandeur scalaire.

Liens Internet

Pour les liens vers ces sites, connecte-toi à : **www.usborne-quicklinks.com/fr**

Site 1 Quelques généralités sur les forces (définition, caractéristiques, les mesurer), avec des exercices pour tester tes connaissances.

Site 2 Quelques notions sur les actions mécaniques et les forces.

Site 3 Un dossier très complet sur les aimants et le magnétisme.

Site 4 Une rubrique sur l'application du principe de la conservation de l'énergie dans les montagnes russes.

Accélération, Vecteur vitesse, 29.

LES FORCES CONCOURANTES

En général, un objet est soumis à plus d'une force. Ainsi, la voile d'une planche à voile subit les forces de la gravitation (la gravité*), du vent, de la poussée ascendante et des vagues. L'ensemble de ces forces équivaut à une force unique, la **résultante**. Si l'intensité et la direction de ces forces sont connues, il est possible de calculer la résultante et de prévoir le comportement de l'objet.

L'ÉQUILIBRE

Même au repos, un objet est soumis à un ensemble de forces. Lorsque ces forces s'annulent les unes les autres, l'objet est en **équilibre**. Ainsi, la gravité* qui attire un château de cartes vers le bas est équilibrée par la poussée vers le haut de la surface du support sur lequel reposent les cartes. La force résultante est nulle et le château reste en place.

Observe par toi-même

Tu peux tester les forces de l'équilibre en élevant un château de cartes sur une table.

Si tu déranges une seule des cartes, l'équilibre des forces qui agissent sur la structure se rompt et le château s'effondre.

L'équilibre d'un château de cartes est sensible, car les cartes dépendent les unes des autres et le moindre souffle suffit souvent à le rompre.

*Gravité, 32 ; Poussée, 40.

LA FORCE DE ROTATION

Un objet qui tourne autour d'un point fixe, ou **axe de rotation** ou encore **pivot**, fait appel à la force de rotation. C'est le cas d'une porte pivotant autour de ses gonds. L'objet se manœuvre d'autant plus aisément que la force de rotation est éloignée de l'axe. Voilà pourquoi une clef à molette dotée d'un long manche est plus efficace.

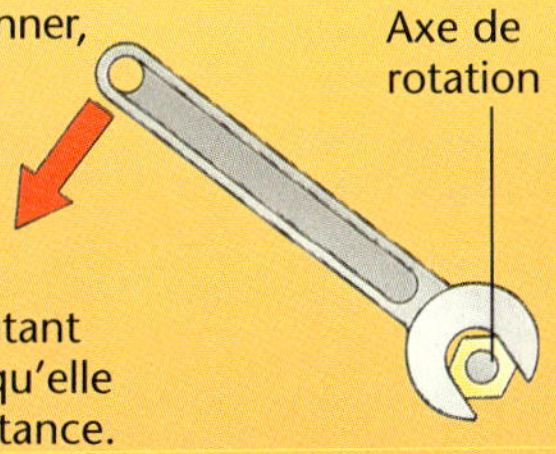

Pour déboulonner, manipule l'extrémité du manche de la clef à molette. La force est d'autant plus grande qu'elle s'exerce à distance.

La force de rotation est caractérisée par le **moment**, ou produit de l'intensité de la force par sa distance à l'axe de rotation. L'unité de mesure est le **newton-mètre** (**Nm**). Le moment se détermine dans le sens des aiguilles d'une montre ou dans le sens inverse.

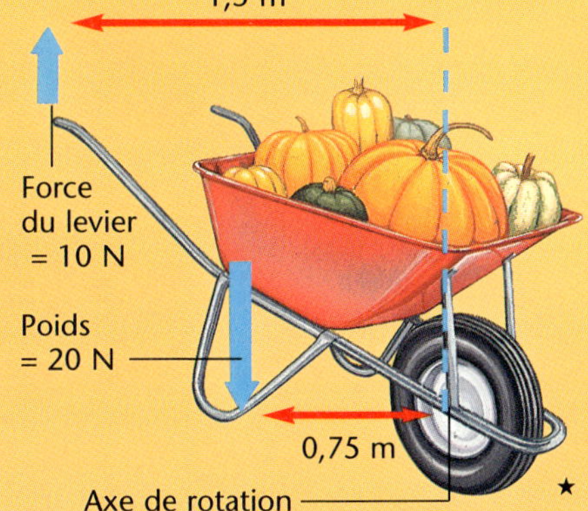

Moment du levier (sens des aiguilles) : 10 N x 1,50 m = 15 Nm

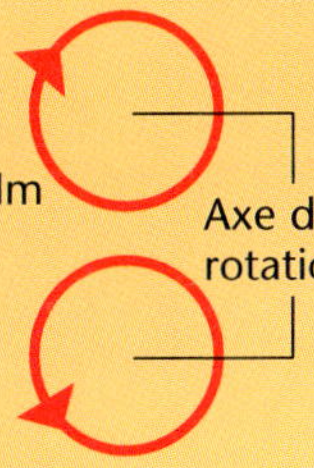

Moment du poids (sens inverse) : 20 N x 0,75 m = 15 Nm

Cet exemple prouve que la force de rotation, comme toutes les autres forces, peut être en équilibre. Le moment du poids (sens des aiguilles d'une montre) annule le moment du levier (exercé en sens inverse).

**Loi de Hooke, 21.*

L'ÉLASTICITÉ

Des forces qui s'exercent sur un objet fixe peuvent le faire changer de taille et de forme. Quand la force cesse de s'appliquer, certaines substances, comme le caoutchouc, reprennent leur forme initiale. Ce sont des substances **élastiques**.

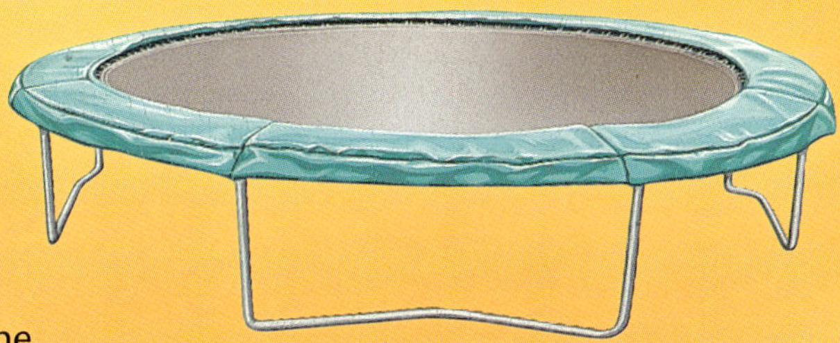

Le trampoline est une toile élastique tendue par des ressorts. À chaque saut, il reprend sa forme initiale.

L'allongement d'une substance élastique suit la loi de Hooke* selon laquelle les déformations sont proportionnelles aux forces qui les provoquent.

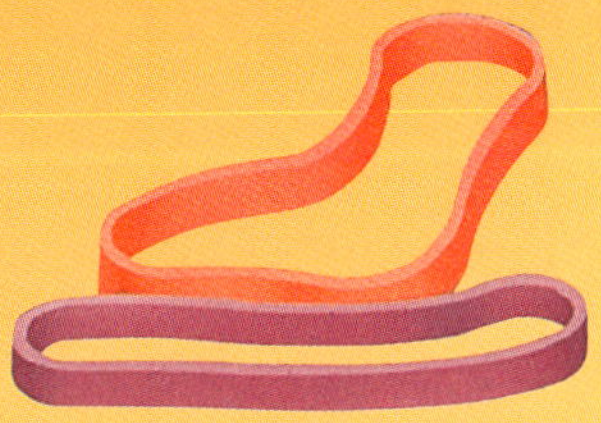

Un bracelet élastique peut être tendu jusqu'à un certain point, où il se rompt. C'est le point limite.

Dans la réalité, la loi de Hooke ne s'applique plus si la contrainte exercée dépasse une certaine valeur, dite **limite élastique**. En effet, dans ce cas, la substance déformée ne retrouve pas son état initial.

Les matériaux sont plus ou moins déformables et certains, de façon irréversible. Ils conservent indéfiniment leur nouvelle forme : c'est la **plasticité**.

La pâte à modeler a des propriétés plastiques.

Comme avec ce chien, la pâte à modeler prend la forme qui lui est donnée et la conserve. C'est la plasticité.

Liens Internet

Pour les liens vers ces sites, connecte-toi à : **www.usborne-quicklinks.com/fr**

Site 1 La Foire aux questions de physique, entre autres sur la mécanique et la mécanique des fluides, pour tester tes connaissances.

Site 2 La loi du levier expliquée très clairement, avec une animation.

Site 3 Une fiche sur l'élasticité et la plasticité.

Site 4 Le monde du caoutchouc : les fantastiques propriétés des caoutchoucs.

Site 5 Documente-toi sur Robert Hooke.

LA DYNAMIQUE

La **dynamique** étudie les relations entre les forces et les mouvements qu'elles produisent. Les expressions inertie et quantité de mouvement décrivent comment un objet (ou corps) se met en mouvement et s'arrête. Il existe trois lois définissant les principes qui gouvernent le mouvement de tout corps. Elles ont été formulées en 1687 par le savant britannique Isaac Newton.

Isaac Newton, savant britannique (1642-1727)

LES LOIS DE NEWTON SUR LE MOUVEMENT

On doit à Isaac Newton des découvertes essentielles concernant, entre autres, le mouvement, l'attraction universelle et la lumière. Ses trois **lois du mouvement** ont grandement influencé la pensée scientifique.

D'après la **première loi de Newton**, à moins qu'une force n'agisse sur lui, tout corps reste au repos ou se déplace en ligne droite à vitesse constante. C'est le principe d'inertie (voir à droite *L'inertie*).

Selon la **deuxième loi de Newton**, toute force résultante s'exerçant sur un objet modifie son mouvement. Le changement est proportionnel à la masse de l'objet et à l'intensité de la force résultante.

La **troisième loi de Newton** énonce qu'il y a égalité entre l'**action** de la force appliquée à un objet et la **réaction** de celui-ci dans la direction opposée.

Pour se mettre en mouvement, ce camion doit vaincre l'inertie (voir la première loi de Newton).

Sous un vent de même force, la pomme de pin s'agite moins que la feuille, car sa masse est plus grande (voir la deuxième loi de Newton).

La balle exerce une force sur la batte de base-ball (le joueur sent sa vitesse de frappe diminuée) équivalente à la force appliquée par la batte sur la balle (voir la troisième loi de Newton).

L'INERTIE

Tout objet oppose une résistance au mouvement. Cet effet d'**inertie** s'applique aux objets au repos et en mouvement. À cause de l'inertie, un objet immobile se met difficilement en mouvement. Mais une fois lancé, c'est grâce à cette inertie que l'objet continue de se mouvoir en ligne droite. Il faut une force pour vaincre l'effet d'inertie.

Sans la force de résistance exercée par la ceinture de sécurité ou le coussin gonflable, sous l'effet de l'inertie, ce mannequin risque de traverser le pare-brise.

Plus un objet a de masse, plus il a d'inertie. Un animal lourd a besoin d'une force plus grande pour bouger qu'un animal léger. Si sa masse est deux fois supérieure, il a besoin de deux fois plus d'inertie.

La masse d'un éléphant adulte est cinq fois celle d'un petit, d'où une inertie cinq fois plus grande.

LA QUANTITÉ DE MOUVEMENT

En l'absence de forces extérieures, la **quantité de mouvement** d'un objet reste constante. Elle est le produit de la masse de l'objet par son vecteur vitesse. Plus grands sont le vecteur vitesse et la masse, plus élevée est la quantité de mouvement. Comme le vecteur vitesse (p. 29), la quantité de mouvement est une grandeur vectorielle (elle a une intensité et une direction).

Buse

Mouette

Si une buse et une mouette volent à la même vitesse, l'oiseau de plus grande masse (la buse) a aussi la plus grande quantité de mouvement.

Ce chariot plein de marchandises a une masse de 10 kg et un vecteur vitesse de 1 m/s vers l'est. La quantité de mouvement est de 10 kg.m/s vers l'est.

Ce chariot presque vide a une masse de 2 kg et un vecteur vitesse de 5 m/s vers l'est. La quantité de mouvement est aussi de 10 kg.m/s vers l'est.

S'il est plus rapide, un objet de masse légère peut avoir la même quantité de mouvement qu'un objet de masse plus lourde.

Observe par toi-même

Les pendules multiples offrent un exemple de la loi de la conservation de la quantité de mouvement. En heurtant la deuxième bille, la première bille lui transfère sa quantité de mouvement, qui passe ensuite de bille en bille et les fait toutes bouger.

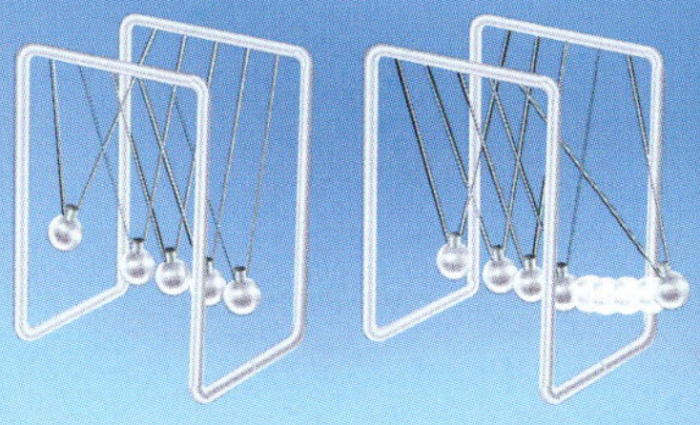

LA CONSERVATION DE LA QUANTITÉ DE MOUVEMENT

Quand deux objets entrent en collision, la quantité de mouvement reste la même qu'avant la collision (voir ci-contre les balles rose et bleue). Ils suivent la **loi de la conservation de la quantité de mouvement** qui énonce que, lors d'une collision, un objet transfère à l'autre la quantité de mouvement qu'il perd.

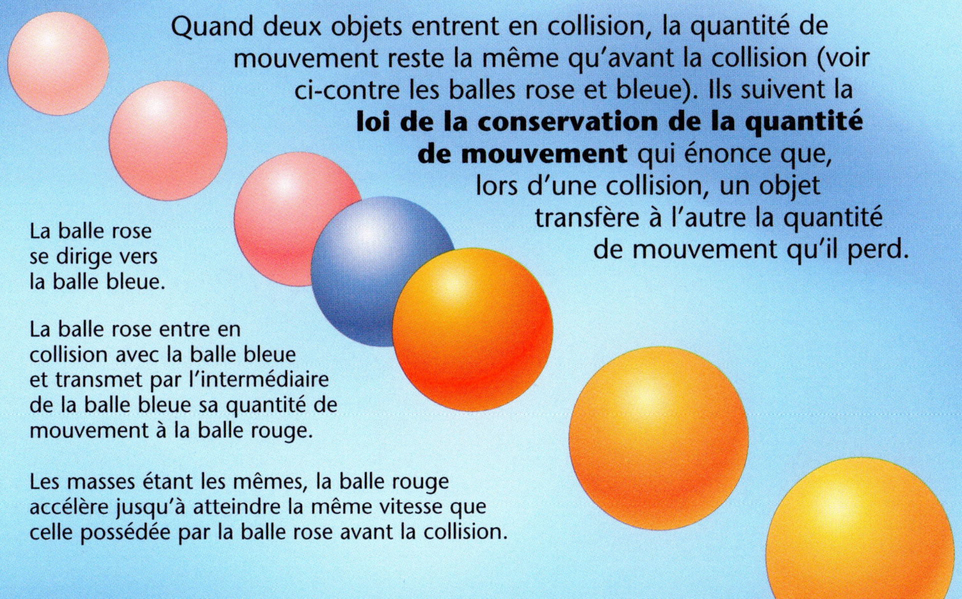

La balle rose se dirige vers la balle bleue.

La balle rose entre en collision avec la balle bleue et transmet par l'intermédiaire de la balle bleue sa quantité de mouvement à la balle rouge.

Les masses étant les mêmes, la balle rouge accélère jusqu'à atteindre la même vitesse que celle possédée par la balle rose avant la collision.

Liens Internet

Pour les liens vers ces sites, connecte-toi à : **www.usborne-quicklinks.com/fr**

Site 1 Une animation sur les pendules multiples.

Site 2 Tu trouveras sur ce lien les trois lois de Newton, accompagnées de quelques exercices animés.

Site 3 Une fiche sur la conservation de la quantité de mouvement.

Site 4 Le principe de l'inertie est ici expliqué, avec des exercices et des travaux pratiques.

LA FRICTION

Lorsque deux objets entrent en contact (comme une pièce qui roule sur une table), l'objet en mouvement est ralenti. La force mise en jeu s'appelle la **friction**. Plus les surfaces sont rugueuses et plus la pression entre elles est forte, donc plus grande est la friction. La friction se manifeste aussi bien avec des solides qu'avec des liquides ou des gaz. Elle s'accompagne de chaleur.

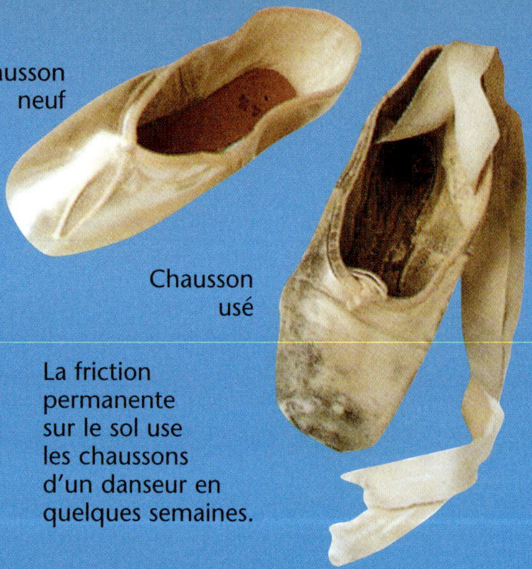

La friction permanente sur le sol use les chaussons d'un danseur en quelques semaines.

L'UTILISATION DE LA FRICTION

La friction est une force qui se révèle soit utile soit néfaste. Sans friction, impossible de s'agripper aux choses ou de les attraper.

Diverses machines dépendent de la friction. Ainsi, il serait impossible d'arrêter une voiture sans l'adhérence des pneus à la route. En l'absence de cette force de frottement, ou friction, le véhicule glisserait sur le revêtement.

La lame d'un ski est lisse sur le dessous afin de minimiser les frottements sur la neige et de permettre au ski de glisser sans effort. Mais quand le skieur tourne, il s'appuie sur les quarts : la friction s'exerce alors et le skieur peut contrôler la vitesse et la direction.

En agissant comme des lubrifiants (voir page ci-contre), l'eau et la boue étalées sur la route réduisent la friction. Les rayures gravées dans le pneu absorbent l'eau et la boue en les canalisant, ce qui permet à la bande de roulement d'agripper sans peine la surface de la route.

Certains dispositifs ont besoin de la friction pour fonctionner. C'est le cas d'une allumette qu'on frotte sur la boîte. En générant de la chaleur, on permet aux substances chimiques contenues dans la tête de l'allumette de s'enflammer. Les freins offrent un autre exemple : les roues sont ralenties par la friction.

Les freins à disque

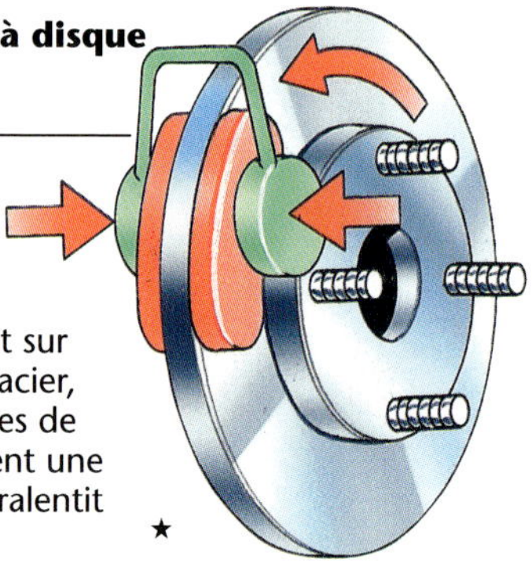

En appuyant sur le disque d'acier, les plaquettes de frein génèrent une friction qui ralentit sa rotation.

Certaines matières, tel le caoutchouc, qui sert à fabriquer les semelles des chaussures de sport, procurent une friction importante.

RÉDUIRE LES FROTTEMENTS

Si les différentes pièces d'une machine sont soumises à une friction trop importante, elles s'abîment. Comme elles s'usent, une partie de l'énergie nécessaire au fonctionnement de la machine se transforme en chaleur plutôt qu'en mouvement. Pour réduire les frottements, on utilise de l'huile ou un lubrifiant, un produit plus tendre que la surface solide qu'il recouvre, et dont le rôle est de la rendre glissante afin d'atténuer la friction.

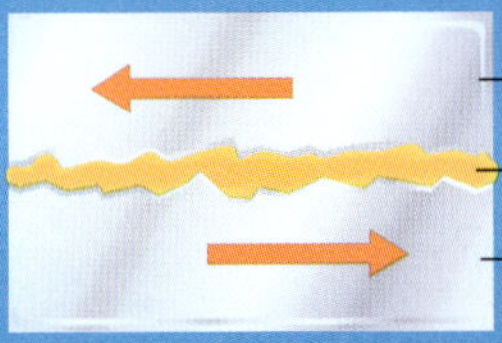

Ces surfaces métalliques d'apparence lisse sont en réalité rugueuses. Il suffit de déposer une couche d'huile entre elles pour réduire la friction.

Les **roulements à billes** servent aussi à limiter les frottements en réduisant la surface de contact entre deux matériaux. La machine s'use moins.

Des roulements à billes sont disposés tout autour de l'axe de cette roue. Ils tournent en même temps qu'elle.

LA FRICTION DANS L'AIR ET DANS L'ESPACE

La **résistance de l'air**, ou **traînée**, est une force de frottement qui s'oppose à l'avancement d'un objet dans l'air (voir page 44). Dans l'espace, il n'y a pas d'air, et par conséquent les frottements n'existent pas. Ainsi, la navette spatiale n'est confrontée à la friction que lorsqu'elle se trouve dans l'atmosphère terrestre.

En entrant dans l'atmosphère terrestre, la navette est ralentie par la résistance de l'air. La friction entraîne l'échauffement et le rougeoiement de sa surface ventrale.

Observe par toi-même

Observe la réduction de la friction avec un livre et des billes. Pousse d'abord le livre sur la table et note la friction qui s'exerce. Ensuite, place les billes sous le livre et pousse-le de nouveau. En roulant entre le livre et la surface de la table, les billes réduisent les frottements.

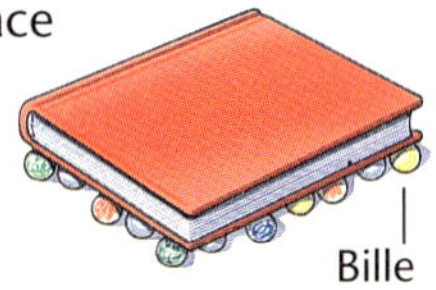

L'AÉRODYNAMISME

Afin de réduire la traînée, les véhicules adoptent une ligne **aérodynamique** qui laisse l'air circuler avec fluidité autour d'eux. Ils avancent en rencontrant moins de résistance.

Les constructeurs automobiles vérifient l'aérodynamisme de leurs véhicules au moyen de jets de vapeur (ici une Ford Ka est contrôlée).

LA FRICTION DANS L'EAU

L'eau étant plus dense* que l'air, les objets qui se déplacent dans l'eau sont soumis à une friction plus grande. Les poissons et les mammifères marins, comme la baleine, ont un corps naturellement fuselé et adapté à la résistance qu'il rencontre sous l'eau.

L'eau glisse sur le corps fuselé de cette baleine.

Liens Internet

Pour les liens vers ces sites, connecte-toi à :
www.usborne-quicklinks.com/fr

Site 1 La friction (sa réduction et son augmentation).

Site 2 Pour en savoir plus sur les freins de voiture.

Site 3 Une fiche qui traite de l'aérodynamique.

Site 4 Cette rubrique étudie le rôle du frottement dans la course automobile.

Site 5 Quelques notions supplémentaires à propos de la friction, avec deux expériences.

*Densité, 41.

LE MOUVEMENT

Sur la neige, un surfeur peut atteindre 22 m/s, soit 80 km/h

En physique, le **mouvement** définit le déplacement d'un objet quelconque, que ce soit une planète en mouvement autour du Soleil ou un surfeur des neiges qui saute en l'air. Le mouvement fait appel à des notions comme le vecteur vitesse et l'accélération. Il ne change que s'il est soumis à une ou plusieurs forces.

LA VITESSE MOYENNE

La **vitesse** détermine à quelle rapidité un objet bouge. La vitesse moyenne d'un objet en mouvement est le quotient de la distance parcourue par le temps mis pour la parcourir.

Le calcul de la vitesse moyenne

Ce cycliste a parcouru 500 m en 40 s. D'après le calcul ci-dessous, sa vitesse moyenne est de :

$$\text{Vitesse moyenne} = \frac{\text{Distance (en mètres)}}{\text{Temps (en secondes)}}$$

$$= \frac{500}{40} = 12{,}50 \text{ m/s}$$

La vitesse est une grandeur scalaire. Cela signifie qu'elle détermine l'intensité du déplacement d'un objet, mais ne tient pas compte de la direction. En physique, l'unité de mesure de la vitesse est en général le mètre par seconde (m/s). Le kilomètre par heure (km/h) est aussi couramment employé.

LE CHANGEMENT DE VITESSE

La vitesse d'un objet peut changer à tout moment (ainsi, lors d'une course de vitesse, le coureur va moins vite au départ qu'à l'approche de la ligne d'arrivée). La vitesse à un instant particulier est la **vitesse instantanée**.

Par exemple, en 1999, le record mondial homme du 100 m était de 9,84 s, soit une vitesse moyenne de 10,16 m/s. Au départ de la course, la vitesse instantanée devait être de 3 m/s, mais après quelques foulées, elle pouvait atteindre 11 m/s.

Coureurs en pleine action

LE VECTEUR VITESSE

Le **vecteur vitesse** est une grandeur vectorielle qui, associée à la direction, permet de déterminer avec précision le mouvement d'un objet. Le vecteur vitesse d'un objet en mouvement peut changer même si la vitesse reste constante, car un changement de direction suffit à le modifier.

Cette voiture roule à une vitesse constante de 10 km/h, mais son vecteur vitesse varie sans cesse, car elle change de direction pour effectuer un cercle.

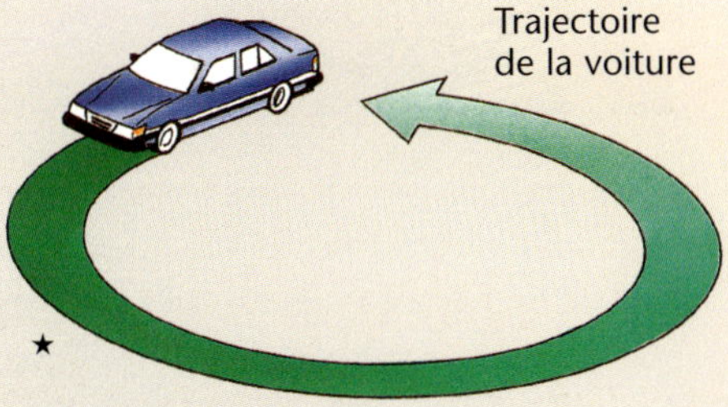

Le vecteur vitesse s'exprime en mètre par seconde, m/s, dans une direction donnée. Par exemple, un marcheur qui se dirige au nord à la vitesse de 1,50 m/s a un vecteur vitesse de 1,50 m/s nord. La **vitesse** est dite **relative** quand l'objet en mouvement est observé d'un autre objet en mouvement.

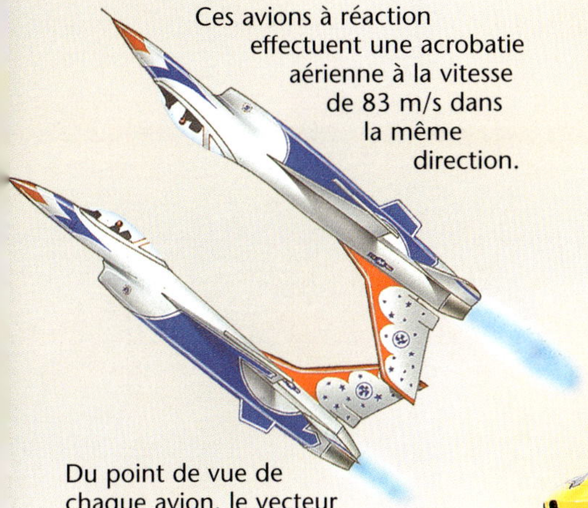

Ces avions à réaction effectuent une acrobatie aérienne à la vitesse de 83 m/s dans la même direction.

Du point de vue de chaque avion, le vecteur vitesse d'un avion par rapport à l'autre est nul.

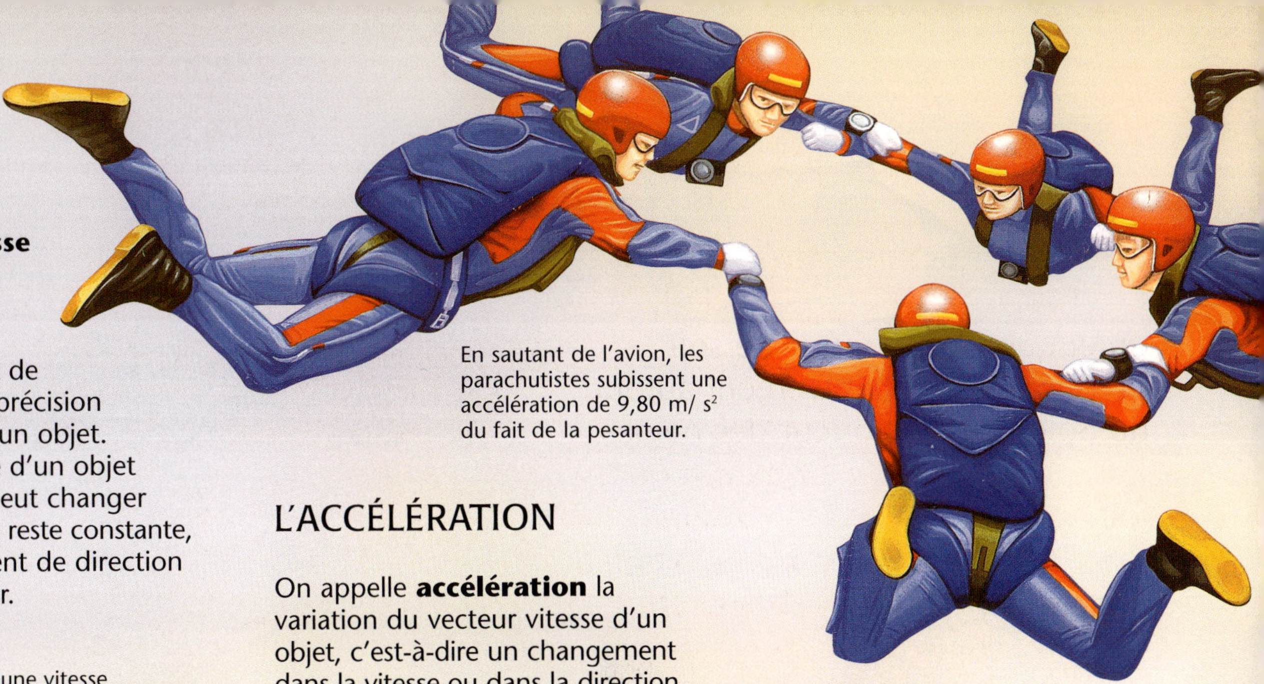

En sautant de l'avion, les parachutistes subissent une accélération de 9,80 m/s^2 du fait de la pesanteur.

Quand ils ouvrent leur parachute, ils décélèrent brutalement.

L'ACCÉLÉRATION

On appelle **accélération** la variation du vecteur vitesse d'un objet, c'est-à-dire un changement dans la vitesse ou dans la direction en fonction d'un temps donné. Une diminution du vecteur vitesse correspond à une **accélération négative**, ou **décélération**. Il suffit d'un changement dans la vitesse ou dans la direction pour que l'objet accélère ou décélère.

En physique, l'accélération se mesure en mètre par seconde par seconde (seconde carrée), m/s^2. Si un objet accélère de 1 m/s^2, cela signifie qu'il gagne un mètre par seconde à chaque seconde. En général, les constructeurs automobiles préfèrent utiliser le kilomètre par heure par seconde. Dans les deux cas, il s'agit de la même chose mais avec des unités de mesures différentes.

Une voiture qui se déplace à la vitesse constante de 50 km/h dans une seule direction a une accélération nulle, car ni sa vitesse ni sa direction ne changent.

Cette Porsche 911 turbo passe de 0 km/h à 100 km/h en 4,50 s. Cela veut dire qu'elle a une accélération moyenne de 6,20 m/s^2.

Observe par toi-même

Avec de la pâte à modeler, fais trois balles de petite taille. Laisse-les tomber chacune d'une hauteur différente et observe le résultat. Plus la balle tombe de haut, plus elle s'écrase sur le sol. Cela prouve que plus une balle tombe de haut, plus elle va vite.

La balle de gauche est tombée du plus haut. Elle s'est davantage écrasée sur le sol.

Liens Internet

Pour les liens vers ces sites, connecte-toi à : **www.usborne-quicklinks.com/fr**

Site 1 Un monde en mouvement : les différentes notions sont présentées à l'aide d'expériences.

Site 2 Ce lien présente un dossier sur la chute libre.

Site 3 Une fiche de résumé à propos des notions de mouvement, de trajectoire et de vitesse.

Site 4 Une page sur le vecteur vitesse et la vitesse instantanée.

LA VITESSE LIMITE

Quand un objet chute dans un liquide ou un gaz, il accélère de manière décroissante jusqu'à ce qu'il atteigne une **vitesse limite**, qui reste constante.

Dès que le parachutiste saute, il accélère.

Imagine par exemple un parachutiste qui saute d'un avion. Au départ, il accélère rapidement.

À mesure qu'il tombe, sa chute ralentit.

Puis son accélération décroît, jusqu'à ce qu'il atteigne une vitesse d'environ 200 km/h, à laquelle il se stabilise.

Quand l'accélération devient presque nulle, le parachutiste atteint la vitesse limite.

Quand il n'accélère plus, c'est qu'il a atteint la vitesse limite.

LA RÉSISTANCE

La Terre exerce une force, la **gravité**, ou pesanteur*, qui fait qu'un objet en chute libre est attiré et accélère à son approche. Mais une deuxième force, due à la présence d'un gaz ou d'un liquide autour de l'objet, s'oppose à la chute : la **résistance**. Plus rapide est la chute, plus forte est la résistance, jusqu'à ce qu'elle finisse par compenser le poids de l'objet qui tombe. À cet instant, l'objet n'accélère plus, il atteint sa vitesse limite.

Il faut davantage de temps à une pièce de monnaie pour atteindre sa vitesse limite dans l'eau que dans l'air.

Un objet qui tombe atteint sa vitesse limite plus lentement dans un liquide que dans un gaz, car le liquide exerce une résistance plus grande que le gaz. Dans un gaz, les forces opposées s'équilibrent plus vite et l'objet se stabilise plus tôt.

LE MOUVEMENT CIRCULAIRE

Tous les objets en mouvement tendent à se déplacer en ligne droite (voir page 24, la première loi de Newton). La **force** qui s'exerce sur un objet effectuant un cercle est dite **centripète**. La force centripète est dirigée vers le centre de l'objet en mouvement circulaire.

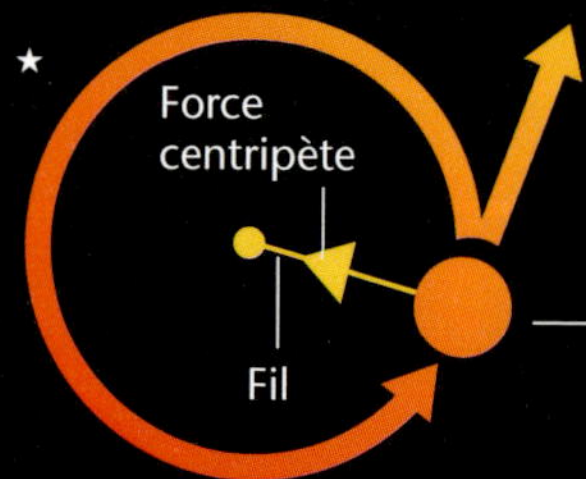

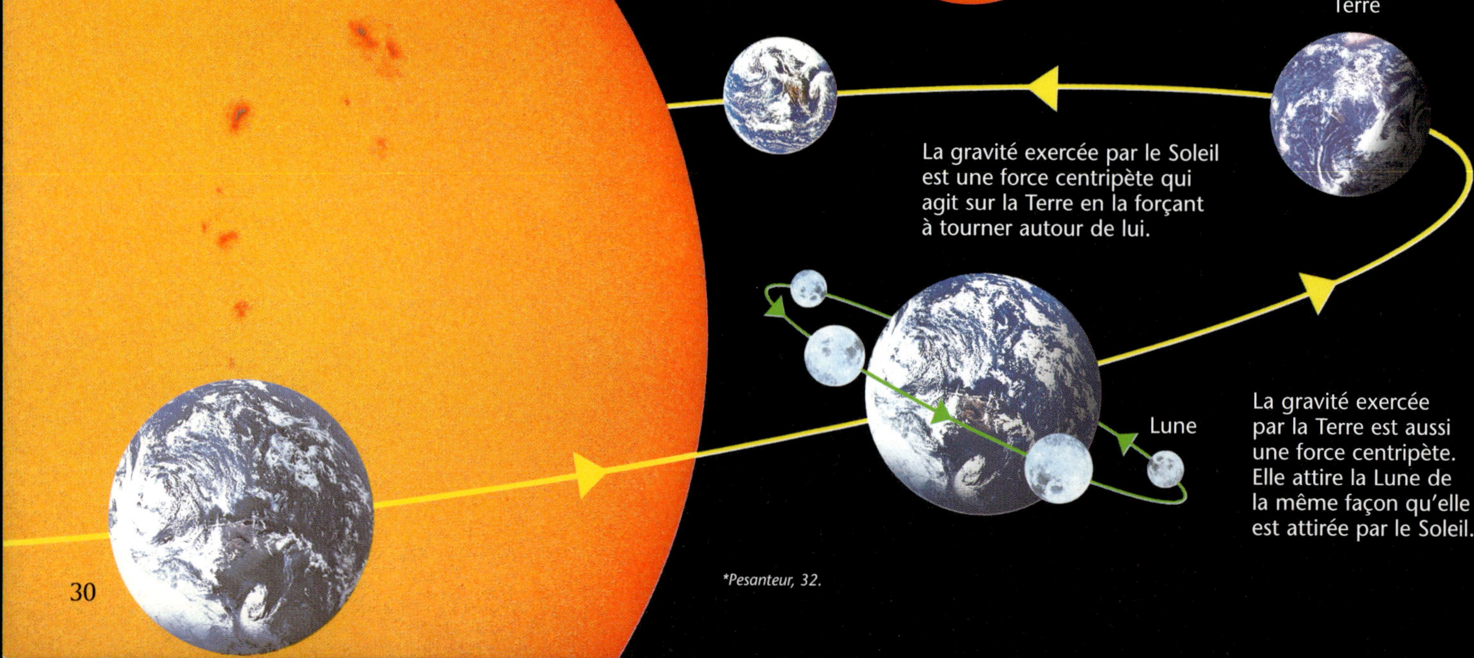

La gravité exercée par le Soleil est une force centripète qui agit sur la Terre en la forçant à tourner autour de lui.

La gravité exercée par la Terre est aussi une force centripète. Elle attire la Lune de la même façon qu'elle est attirée par le Soleil.

*Pesanteur, 32.

UN EXEMPLE DE FORCE CENTRIPÈTE

Quand on fait tourner autour de soi un objet de petite taille attaché à un fil, la traction du fil sur l'objet est un exemple de force centripète. Tant que la vitesse est suffisante, l'objet ne retombe pas, mais si on lâche le fil, on fait disparaître la force centripète. L'objet s'éloigne alors en suivant une tangente. C'est ce qui se passe quand un athlète lance le marteau.

1. L'athlète tire sur le câble pour mettre le marteau en mouvement.

2. La traction est une force centripète exercée sur le marteau en mouvement.

3. Plus le marteau a de vitesse, plus il faut de force centripète.

4. En lâchant le câble, l'athlète envoie le marteau au loin.

Observe par toi-même

Il est possible de voir la force centripète en action.

Pour cela, il faut un bol en plastique et une bille. Place la bille dans le bol et fais-le tourner pour entraîner la bille. Tu crées ainsi une force centripète qui agit sur la bille.

Toutefois, quand elle atteint une certaine vitesse, la bille est éjectée du bol, car la force centripète n'arrive plus à la garder en rotation.

La bille est éjectée en ligne droite.

LES GYROSCOPES

Un **gyroscope** est une roue qui tourne à toute vitesse à l'intérieur d'une armature. La force centripète ainsi créée lui permet de résister à la gravité. Il peut presque se coucher sans s'arrêter, sauf si la roue ralentit, car alors il se renverse. (On trouve des gyroscopes dans les magasins de jouets, avec les toupies.)

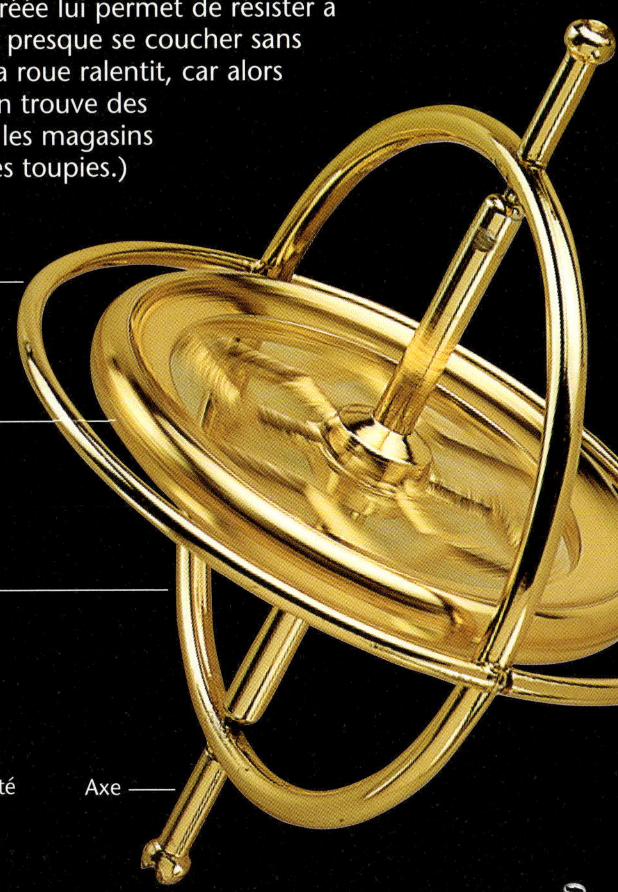

En tournant sur lui-même, ce gyroscope s'oppose à la gravité. Il repose sur l'extrémité d'un axe qui passe directement par le centre de la masse fixée à une armature

Liens Internet

Pour les liens vers ces sites, connecte-toi à :
www.usborne-quicklinks.com/fr

Site 1 Étude des forces qui s'exercent sur un solide.

Site 2 Mieux comprendre la force centripète avec un manège animé.

Site 3 Les forces et les actions mécaniques.

Site 4 Une fiche sur la mécanique, la force de Coriolis, le pendule de Foucault et la gravitation.

Site 5 Tu peux voir ici une animation sur la satellisation.

Site 6 Documente-toi sur le pendule de Foucault.

Site 7 Un dossier à propos des gyroscopes.

LA GRAVITÉ

La **gravité** est une force d'attraction qui s'exerce entre deux objets. On ne la remarque que si l'un des objets attirés est de grande taille, à l'instar d'une planète. La zone subissant l'effet de la gravité se nomme le **champ gravitationnel**. La Terre et la Lune possèdent toutes deux un champ gravitationnel ; celui de la Terre s'exerce avec plus de force, car la Terre est plus lourde que la Lune.

Une ceinture d'astéroïdes (fragments de roches) tourne autour du Soleil en raison de la force d'attraction solaire.

GRAVITÉ ET MASSE

La force d'attraction qui s'exerce entre deux objets est proportionnelle à leur éloignement et à leur masse. La **masse** représente la quantité de matière contenue dans un objet. Elle est constante. Ainsi, deux objets quels qu'ils soient, telles ces tomates, s'attirent mutuellement, mais comme leur masse est négligeable, la gravité est si infime que l'effet n'est pas visible.

La force d'attraction entre deux objets de petite taille est négligeable.

LA PESANTEUR

En raison de sa masse énorme, la Terre exerce une force d'attraction non négligeable, appelée **pesanteur** (gravité terrestre), sur tous les objets à sa surface.

La pesanteur attire tous les objets, comme cette bogue de marron, vers le sol.

GRAVITÉ ET POIDS

Le **poids** détermine la force d'attraction que subit un objet massif. Cette force est d'autant moins grande que l'objet est éloigné du centre de la Terre. Il en résulte que l'on pèse moins lourd en altitude (par exemple, au sommet d'une montagne), même si la masse est inchangée.

Dans l'espace, les astronautes sont plus légers que sur la Terre. Ils sont en effet si éloignés du centre de notre planète que la pesanteur s'exerce à peine.

LE CENTRE DE GRAVITÉ

Tous les points d'un objet subissent la gravité, mais il existe un point particulier où le poids semble agir : c'est le **centre de gravité**, point où l'objet se tient en équilibre dans toutes ses positions.

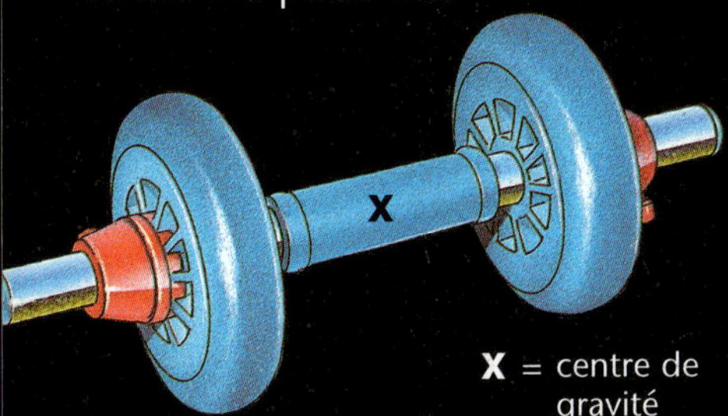

Le centre de gravité des objets de forme symétrique, comme cet haltère, se trouve exactement au milieu.

Un objet **stable** est un objet qui penche et revient à sa position initiale. La stabilité d'un objet posé sur un plan horizontal est assurée si le centre de gravité reste au-dessus de la base d'appui.

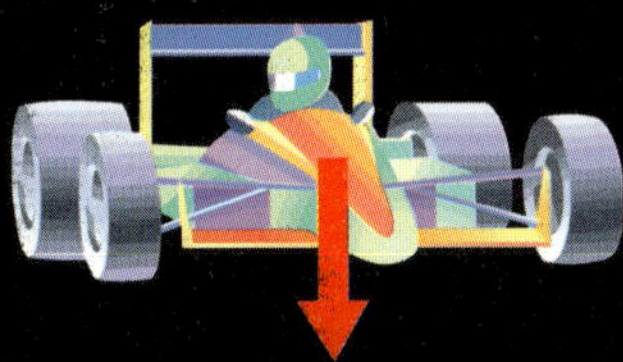

Une voiture de course est stable : son centre de gravité est bas et sa base d'appui est large.

Un objet est **instable** quand son centre de gravité est haut et que sa base d'appui est étroite. S'il penche, son centre de gravité cesse de se trouver au-dessus de sa base et il tombe.

Une moto à l'arrêt a un équilibre instable. Elle verse dès qu'on la pousse.

Les objets hauts et étroits ne présentent pas tous un équilibre instable. Ainsi, lors de la construction, on prévoit de placer le centre de gravité d'un autobus à deux étages en position basse pour le rendre stable.

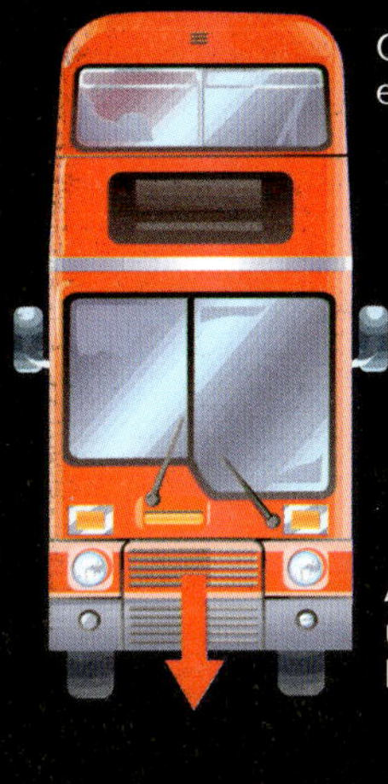

Contrairement à la partie supérieure, la partie inférieure de l'autobus est lourde. Elle contient le moteur, les roues et le châssis. Le centre de gravité du bus est bas, l'ensemble est stable.

Observe par toi-même

Suis les instructions ci-dessous et tu trouveras le centre de gravité d'une feuille de papier.

1. Tiens la feuille par un bout et laisse-la flotter.

2. Puis appuie-la sur un mur et trace une ligne qui va du bout tenu au bas de la feuille.

3. Répète l'étape 2 en tenant la feuille à un bout différent chaque fois. Tu peux répéter l'étape 2 autant de fois que tu le souhaites. Le centre de gravité est le point d'intersection des lignes.

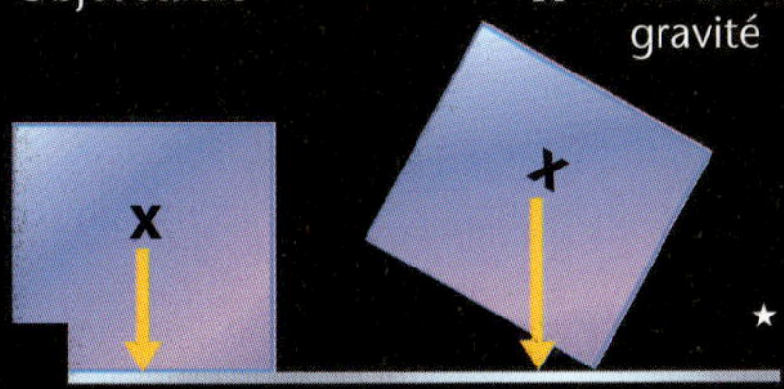

Le centre de gravité d'un objet en équilibre stable reste au-dessus de la base d'appui tant qu'il n'atteint pas un point de non-retour quand on l'incline. À chaque fois, il reprend sa position d'équilibre.

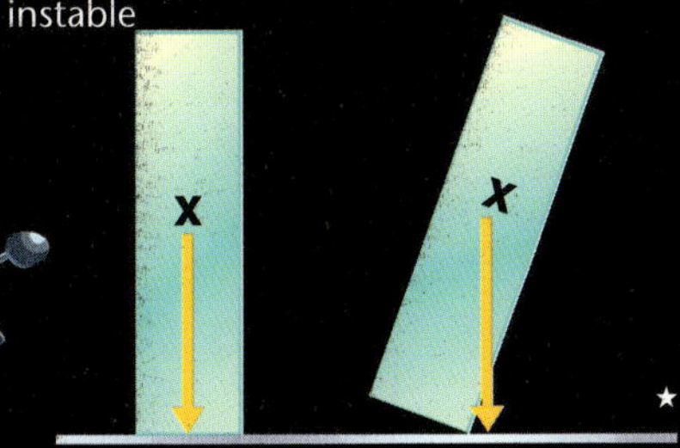

Un objet est en équilibre instable dès que le centre de gravité n'est plus au-dessus de la base d'appui. L'objet tombe alors.

Avec un centre de gravité bas, un objet haut doit s'incliner beaucoup avant de basculer.

LA TERRE ET LA LUNE

En tournant autour de la Terre, la Lune exerce une force d'attraction dont l'effet est visible sur les marées. La face de la Terre qui est la plus proche de la Lune et celle diamétralement opposée connaissent une marée haute. Entre les deux, la marée est basse.

Les effets de la Lune sur les marées

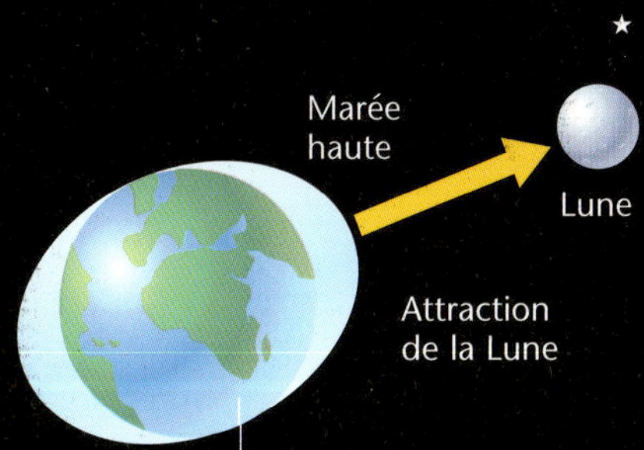

De même, la Terre exerce une force d'attraction sur la Lune. C'est la force centripète. Elle permet de retenir la Lune en orbite autour de la Terre.

Pour en savoir plus sur la force centripète, se reporter à la page 30, au paragraphe intitulé *Le mouvement circulaire*.

Liens Internet

Pour les liens vers ces sites, connecte-toi à :
www.usborne-quicklinks.com/fr

Site 1 Une rubrique sur la gravitation et la gravité.

Site 2 La différence entre les concepts de masse et de poids.

Site 3 Un dossier très complet sur la force d'attraction de la Lune qui provoque le phénomène des marées.

Site 4 Amuse-toi à comparer ton poids sur la Terre et sur les autres planètes.

Site 5 Fais un petit jeu : il s'agit de trouver le centre de gravité de divers objets.

LA PRESSION

Une aiguille perce un tissu, mais, à force égale, ce n'est pas le cas d'un crayon. La pointe de l'aiguille et le bout du crayon n'ont pas la même forme : la pression n'est pas la même. Celle-ci s'applique partout. Elle permet aux machines de fonctionner et influence le temps. Solides, liquides et gaz exercent une pression sur les surfaces avec lesquelles ils entrent en contact.

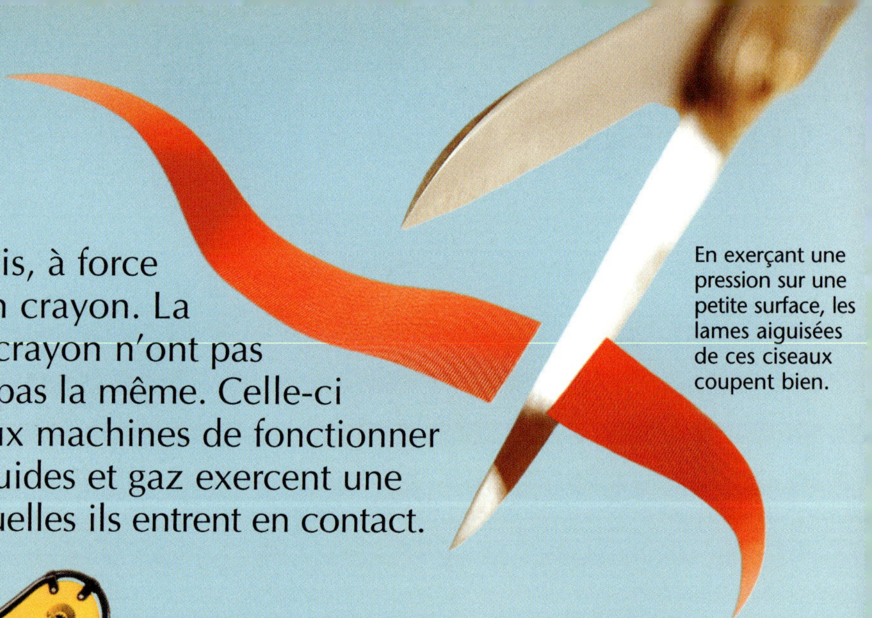

En exerçant une pression sur une petite surface, les lames aiguisées de ces ciseaux coupent bien.

LA PRESSION

Une force agit sur un objet en exerçant une **pression** à angle droit. L'intensité de la pression est proportionnelle à la quantité de force imprimée et à la surface. Ainsi, un individu équipé de chaussures de ville qui marche sur de la neige molle va s'enfoncer. Mais s'il est équipé de raquettes, son poids, qui n'a pas changé, se répartira également sur une surface plus large et il subira une pression moins grande.

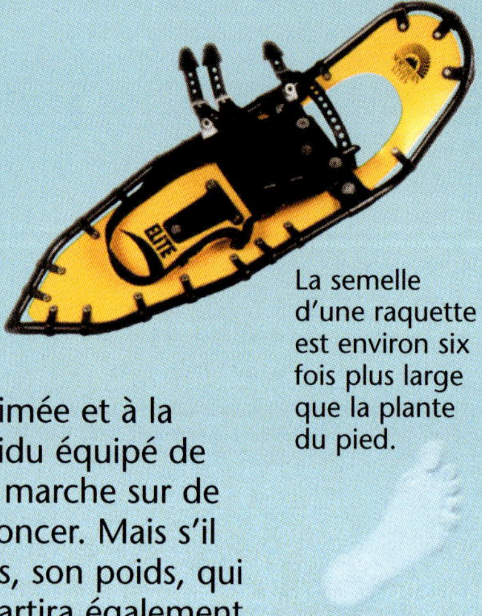

La semelle d'une raquette est environ six fois plus large que la plante du pied.

LA PRESSION ATMOSPHÉRIQUE

Le poids de l'air exerce une force à la surface de la Terre. C'est la **pression atmosphérique**. La pression qu'exerce une colonne d'air sur un mètre carré est supérieure au poids d'un éléphant. La pression atmosphérique est proportionnelle à l'altitude. À 10 000 m au-dessus du sol, dans la couche atmosphérique fréquentée par les avions à réaction, la pression de l'air est faible, car la quantité d'air est réduite. Moins d'air, cela signifie moins d'oxygène, et, à cette altitude, les avions sont équipés de cabines pressurisées permettant aux pilotes et aux passagers de respirer presque aussi normalement que sur la terre ferme.

La pression se mesure en **pascal** (**Pa**), d'après le savant français Blaise Pascal (1623-1662) qui a fait de nombreuses découvertes sur la pression atmosphérique.

LES CHANGEMENTS DE TEMPS

L'unité de pression atmosphérique est le **millibar** (**mb**). Si la pression de l'air varie, le temps change : les basses pressions annoncent du mauvais temps, tandis que les hautes pressions indiquent une éclaircie durable. Au niveau de la mer, la pression atmosphérique est en général de 1 013 mb. Elle peut toutefois tomber à 910 mb dans un cyclone.

Des averses et des vents forts accompagnent les basses pressions.

LA PRESSION DANS LES FLUIDES

Les **fluides** comprennent les liquides et les gaz. Ils adoptent la forme du récipient dans lequel ils se trouvent, leur pression agissant dans toutes les directions.

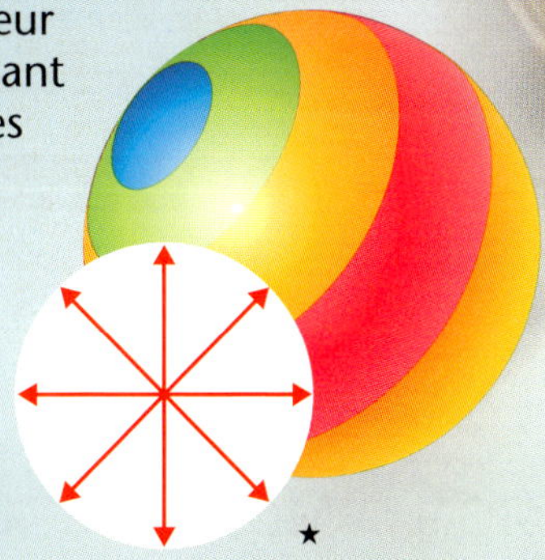

Le ballon reste gonflé, car l'air à l'intérieur exerce une pression dans toutes les directions.

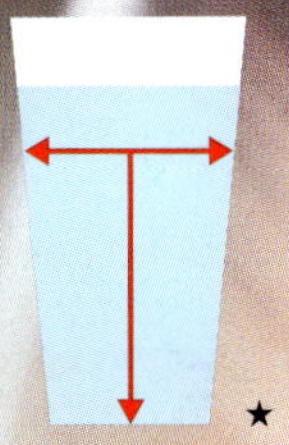

Dans un verre, le liquide applique une pression sur les bords comme sur le fond.

LES MACHINES HYDRAULIQUES

Les **machines hydrauliques** sont actionnées par la pression d'un liquide. Comme il est impossible d'écraser un liquide, la pression exercée sur un point du liquide se transmet à travers tout le liquide et entraîne son déplacement.

Le bras de ce robot est actionné par la pression hydraulique.

Les freins d'une voiture sont hydrauliques. Le liquide des freins est envoyé dans le système de freinage, qui fait ralentir les roues.

Frein d'une voiture : fonctionnement
Le conducteur appuie sur la pédale du frein. Ce faisant, il pousse le piston (1) qui envoie le liquide dans le cylindre (2). Le liquide circule à travers un tuyau jusqu'à deux autres cylindres (flèches rouges). Ceux-ci appuient à leur tour sur les plaquettes (3) de frein qui enserrent le disque d'acier. La friction* ralentit la rotation du disque (4).

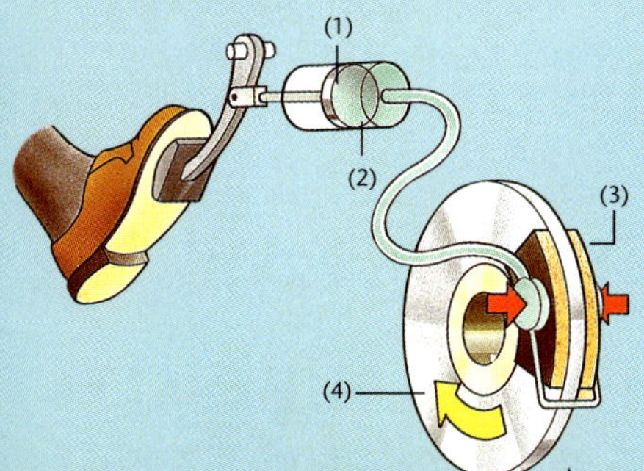

*Friction, 26.

LES MACHINES PNEUMATIQUES

Une **machine pneumatique** fonctionne avec un gaz comprimé, en général de l'air. À la différence d'un liquide, l'air peut être comprimé et tenir alors dans un espace dont la taille est inversement proportionnelle à l'augmentation de la pression.

Ainsi, un marteau-piqueur pneumatique est mis en mouvement par un piston qui frappe avec vigueur l'air se trouvant dans l'outil. L'air ainsi comprimé est expulsé avec une force suffisante pour casser la roche.

Marteau-piqueur

Un extincteur à mousse et à eau est une machine pneumatique qui utilise du gaz carbonique comprimé.

Extincteur : fonctionnement
En appuyant sur la gâchette (1), on libère le gaz carbonique de la cartouche (2). Le gaz carbonique exerce une pression sur l'eau mélangée aux déter-gents (3). Le mélange s'infiltre dans le tube (4) et dans la lance (5) d'où il sort sous la forme d'un jet de mousse et d'eau.

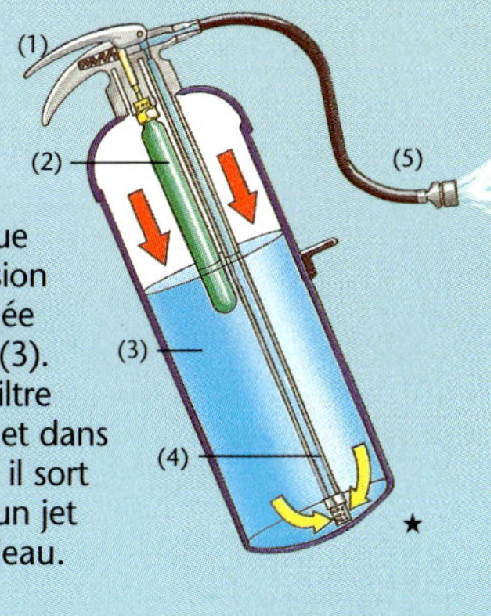

Observe par toi-même

Cette expérience montre comment la pression de l'air agit dans toutes les directions. Il faut un livre léger et un sac en plastique.

Place le livre sur le sac et souffle dans le sac.

Dans le sac, la pression de l'air augmente, ce qui soulève le livre.

Liens Internet

Pour les liens vers ces sites, connecte-toi à : **www.usborne-quicklinks.com/fr**

Site 1 Des expériences sur la poussée d'Archimède et la pression de l'eau.

Site 2 Tout savoir sur l'atmosphère et les propriétés de l'air.

Site 3 Une bonne introduction aux phénomènes physiques de l'atmosphère et quelques expériences sur les gaz et la pression.

Site 4 La pression, c'est quoi ? Étude générale.

Site 5 Cet article explique l'effet de la pression ambiante lors de la plongée sous-marine.

LES MACHINES SIMPLES

Une machine sert à alléger le travail physique de l'utilisateur en faisant l'effort à sa place de manière plus efficace. On appelle **machines simples** des appareils tels que les leviers et les vis, et machines complexes, des appareils combinant plusieurs machines simples, comme les perceuses et les grues.

La roue est une invention essentielle de l'humanité. On la retrouve dans de nombreuses machines.

VAINCRE LA CHARGE

Pour déplacer un objet, il faut vaincre une force appelée la **charge**, souvent confondue avec le poids. Avec une machine simple, la force de l'**effort** demandé est démultipliée.

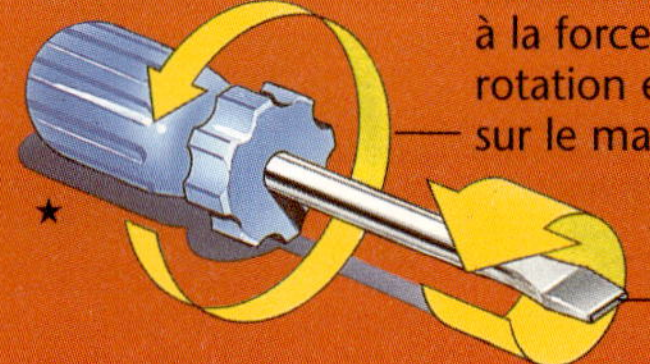

L'effort équivaut à la force de rotation exercée sur le manche.

L'effort appliqué sur le manche crée une plus grande force au niveau de la pointe. Le tournevis peut alors vaincre la charge de la vis.

Pour déterminer la quantité de force fournie par une machine simple comparée à la quantité d'effort demandée, il suffit de diviser la charge par la force exercée. C'est l'**avantage mécanique**.

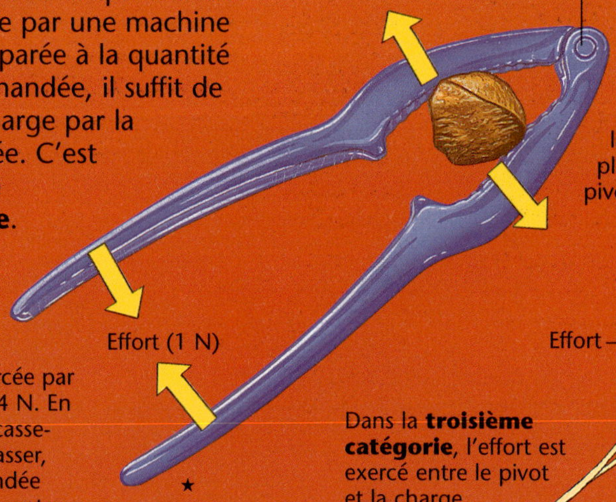

La charge exercée par la noix est de 4 N. En actionnant le casse-noix pour la casser, la force demandée est de 1 N. L'avantage mécanique est de 4/1.

Dans la **deuxième catégorie**, la charge est placée entre le pivot et l'effort.

Dans cet exemple, si l'avantage mécanique est de 4/1, cela signifie que la charge vaincue par le casse-noix est quatre fois supérieure à l'effort demandé. Le casse-noix est un **démultiplicateur de force**.

LE LEVIER

Un **levier** se compose d'un bras rigide tournant autour d'un point d'appui fixe, le **pivot**. Il permet de réduire la force nécessaire à l'accomplissement d'un travail. Il existe trois catégories de leviers en fonction de la disposition du pivot, de l'effort demandé et de la charge.

Dans la **première catégorie**, le pivot est situé entre la charge et l'effort.

Dans la **troisième catégorie**, l'effort est exercé entre le pivot et la charge.

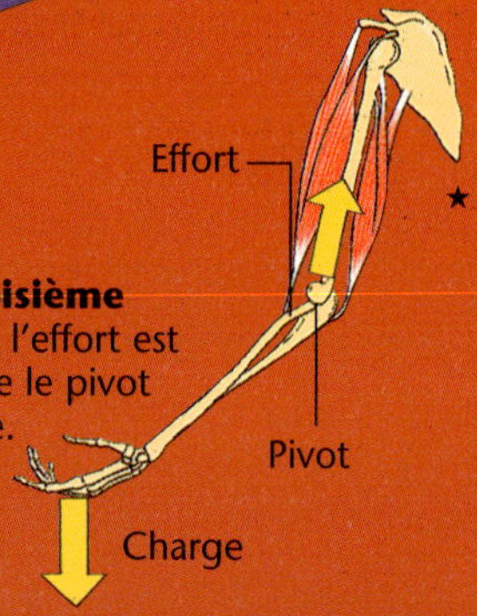

Plus l'effort est éloigné du pivot et plus le levier est facile à utiliser. Voilà pourquoi les leviers les plus efficaces ont souvent un long bras (voir page 23, *La force de rotation*).

LA ROUE

Quand une **roue** actionne un bras, par exemple le volant d'une voiture qui fait tourner la colonne de direction, la force appliquée sur la roue est démultipliée par le bras. Plus la roue est de grande taille et plus le bras tourne aisément.

En tournant le volant de la voiture, le conducteur exerce une force suffisante sur la colonne de direction pour faire pivoter l'essieu avant.

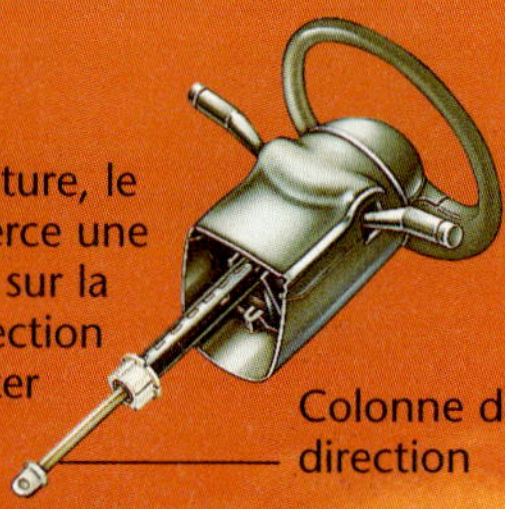

En reliant un axe à une roue, on transforme un mouvement circulaire en un mouvement rectiligne capable de déplacer des charges. Dans une voiture, c'est le cas du volant (roue) et de la colonne de direction (axe) qui actionnent l'essieu. Le volant, plus grand, fait un mouvement circulaire plus ample que celui de la colonne.

Observe par toi-même

Étudie le fonctionnement d'un levier de première catégorie. Place un crayon sous une règle au centre et pose un livre léger à un bout.

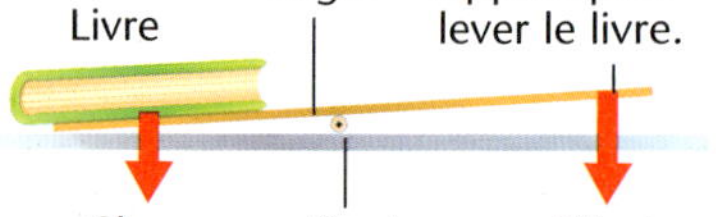

Fais plusieurs tentatives en déplaçant à chaque fois le crayon sous la règle. Plus l'effort demandé s'exerce loin du pivot, plus la charge semble légère à soulever.

LA POULIE

Une **poulie** sert à soulever de lourdes charges. Les ascenseurs et les grues sont souvent équipés de poulies. La charge est attachée à une corde passée autour d'une roue cannelée (creusée d'une rainure), voire de plusieurs. En tirant l'autre bout de la corde, on soulève la charge.

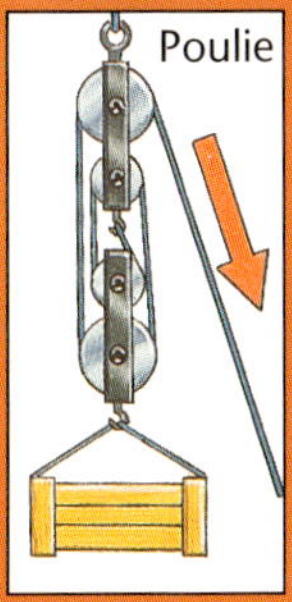

Avec une poulie, on tire la charge vers soi, en pesant de tout son poids.

Plus une poulie comporte de roues, plus la charge monte aisément, car le poids de la charge est réparti en plusieurs endroits de la corde.

La grue est une poulie géante. La corde est un câble d'acier et la force de traction est exercée par le moteur de la grue.

Le câble d'acier se déplace sur plusieurs roues cannelées.

Le câble permet de soulever de lourds objets (comme les matériaux en acier et en béton servant à la construction).

Logement du moteur de la grue

LA VIS

Une vis est composée d'un axe, la tige filetée, et d'une tête. La vis est un type de plan incliné (voir ci-dessous) enroulé autour d'un cylindre. La tige est le cylindre et le filet, le plan incliné.

En tournant, la vis convertit une force de rotation en une force rectiligne de puissance supérieure et la tige filetée s'enfonce sans effort dans l'objet.

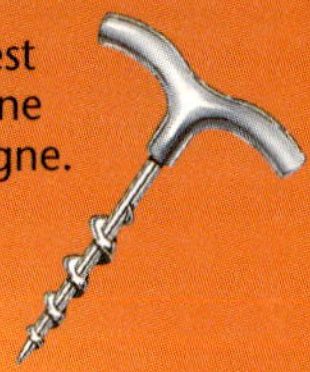

Le tire-bouchon transforme le mouvement de rotation qui lui est appliqué en une force rectiligne.

L'ENGRENAGE

En changeant l'intensité de la force de rotation, un **engrenage** sert à modifier la vitesse de diverses machines complexes (de la voiture à la montre).

Un engrenage consiste en deux roues dentées, voire davantage, qui s'imbriquent de façon à s'entraîner l'une l'autre. Une roue de grande taille fait tourner une petite roue plus rapidement.

Cet engrenage modifie l'intensité et la direction de la force de rotation appliquée.

Cette pendule fonctionne au moyen d'un système complexe d'engrenages.

LE PLAN INCLINÉ

Un **plan incliné** est une pente, comme une rampe. Il permet de déployer moins force pour déplacer un objet vers le haut qu'en le soulevant directement à la verticale. La quantité de travail reste inchangée, mais comme la distance est plus grande, la force nécessaire est moindre.

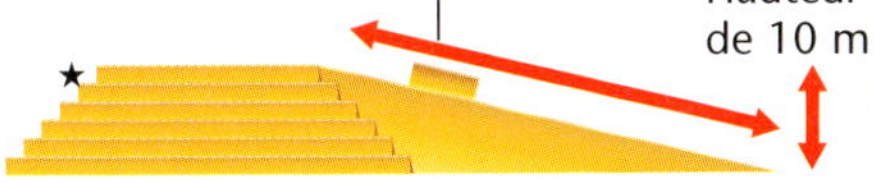

L'effort produit est divisé par huit quand on pousse un objet sur une rampe qui fait huit fois la hauteur nécessaire pour le soulever à la verticale.

Liens Internet

Pour les liens vers ces sites, connecte-toi à : **www.usborne-quicklinks.com/fr**

Site 1 Présentation des machines inventées par le peintre italien Léonard de Vinci (canons, char d'assaut, machine volante, etc.).

Site 2 Un grand dossier consacré à de nombreuses machines simples : le levier, le coin, la roue, l'engrenage, etc.

Site 3 Tu peux voir ici deux animations de machines simples comme la poulie et le dérailleur.

Site 4 Une autre animation qui présente le plan incliné.

L'UTILISATION DES MACHINES SIMPLES

Plusieurs machines simples peuvent former une machine complexe. En voici quelques exemples (même le corps des animaux, comme le homard ci-contre, à droite, rappelle le fonctionnement d'une machine).

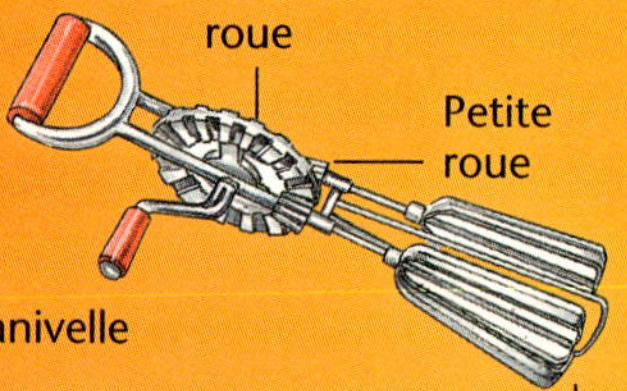

Dans un batteur, les roues augmentent l'intensité de la force de rotation appliquée par la manivelle, ce qui permet au fouet de tourner avec rapidité.

Les pinces du homard sont semblables à des leviers de la troisième catégorie.

Une hélice est une forme simplifiée de vis. L'hélice sert à propulser un bateau dans l'eau ou un avion dans l'air.

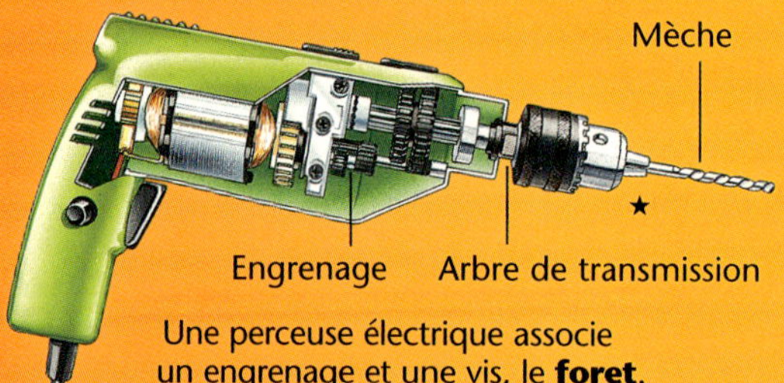

Une perceuse électrique associe un engrenage et une vis, le **foret**. L'engrenage permet de modifier la vitesse de rotation du foret qui perce le matériau avec plus ou moins de rapidité.

Une hache transforme une force de frappe en une force de coupe latérale. La lame est un **coin** qui écarte et entaille en profondeur.

La vis d'Archimède fut l'un des premiers appareils utilisés pour pomper l'eau des cours d'eau et des lacs.

L'eau monte sur le plan incliné d'une vis en rotation.

Dans un escalier mécanique, l'escalier et les rampes sont mus par un moteur électrique qui actionne un système d'engrenages et de roues.

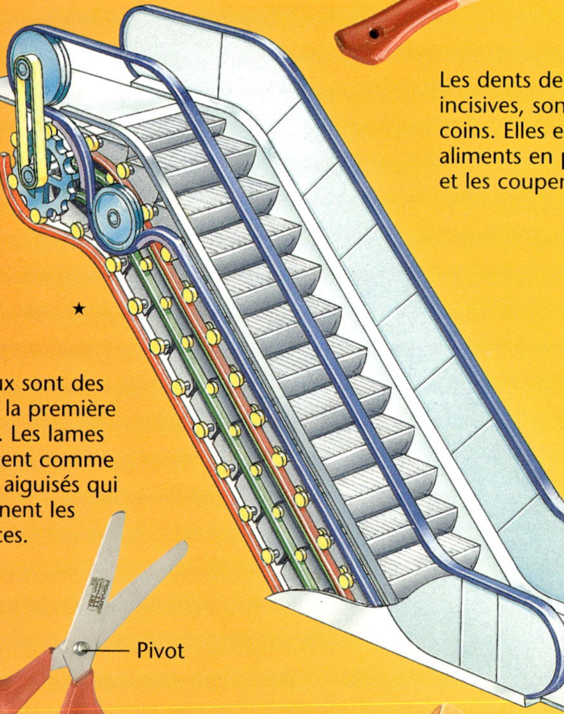

Les dents de devant, ou incisives, sont comme des coins. Elles entament les aliments en profondeur et les coupent.

L'éventail est un levier de la troisième catégorie. Pour s'éventer, l'utilisateur fait pivoter son poignet.

Les ciseaux sont des leviers de la première catégorie. Les lames fonctionnent comme des coins aiguisés qui sectionnent les surfaces.

Pour bâtir les pyramides, les anciens Égyptiens ont sans doute utilisé les plans inclinés. Ces rampes faisaient le tour de l'édifice et permettaient aux ouvriers de hisser les blocs de pierre. La plus grande des pyramides mesure 146 m de hauteur.

LE TRAVAIL ET LA PUISSANCE

La définition scientifique du **travail** est celle d'une force qui fait se déplacer un objet. Le travail n'est effectué que si l'objet bouge.

L'UNITÉ DE MESURE DU TRAVAIL

Le travail transfère l'énergie d'un objet vers un autre et s'exprime également en **joule (J)**. Un joule équivaut au travail effectué (et à l'énergie transmise) par une force de 1 newton (N) qui déplace un objet de 1 mètre (m) dans sa direction.

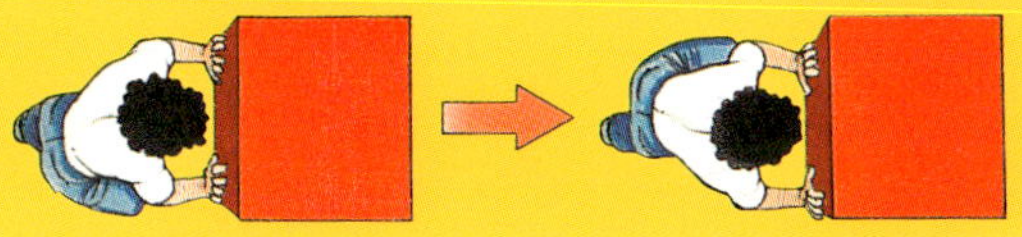

Si cet homme pousse la boîte avec une force de 100 N sur 3 m, il accomplit un travail de 300 J.

LA PUISSANCE

La **puissance** indique la rapidité avec laquelle le travail est accompli ou l'énergie transférée. Elle se mesure en **watt (W)**, d'après le britannique James Watt, et représente le quotient du travail accompli par le temps qu'il faut pour l'accomplir.

Il faut deux fois plus de puissance pour déplacer la boîte sur 3 m en une minute qu'en deux minutes.

UN EXEMPLE DE TRAVAIL

Observe la photo ci-contre : la force déployée par le danseur pour soulever sa partenaire doit vaincre la gravité. L'accomplissement du travail se fait alors qu'il la porte en l'air.

Il utilise son énergie pour la soulever, mais une grande quantité de cette énergie est transférée à la danseuse sous la forme d'énergie potentielle* et il en perd un peu sous la forme de chaleur (par transpiration).

La danseuse accomplit un travail quand elle se place correctement dans les bras de son partenaire.

Observe par toi-même

Si tu veux savoir quelle est la quantité de travail accompli en joule quand tu montes un escalier, rien de plus facile ! Mesure la hauteur de l'escalier et multiplie par ton poids exprimé en newton (le poids en kilogramme x 10). Divise ensuite le travail par le temps mis pour l'accomplir. Tu obtiens la puissance en watt. Plus tu montes vite, plus tu as déployé de puissance.

Hauteur de l'escalier

Liens Internet

Pour les liens vers ces sites, connecte-toi à : **www.usborne-quicklinks.com/fr**

Site 1 On étudie ici l'activité électrique en fonction du travail musculaire.

Site 2 Unités de mesure de l'énergie et de la puissance.

Site 3 Joule, Watt et quelques autres savants auxquels on doit beaucoup dans le domaine de la physique.

Site 4 Teste tes connaissances sur le travail et la puissance d'une force.

*Énergie potentielle, 8.

FLOTTER

Pourquoi certaines substances flottent-elles dans l'eau et pas d'autres ? Pourquoi celles qui flottent dans l'air sont-elles si peu nombreuses ? Les principes de la flottabilité permettent aux ingénieurs de construire des navires métalliques plus lourds que l'eau mais qui peuvent flotter, et de concevoir des avions et des ballons à air chaud capables de voler dans le ciel.

Les ballons à air chaud qui flottent dans l'azur sont remplis d'un air plus léger que l'air froid qui les entoure. Ils s'élèvent, car l'air chaud flotte.

LA FLOTTABILITÉ

Un objet qu'on immerge dans l'eau **déplace** une certaine quantité de liquide, car il repousse l'eau pour prendre sa place. Cela se traduit par une augmentation du niveau de l'eau.

Selon la légende, c'est en prenant un bain que le savant grec Archimède (287-212 av. J.-C.) a découvert son principe.

Cette gravure du Moyen Âge représente Archimède qui découvre son principe dans son bain.

L'eau exerce une force, appelée **poussée**, sur tout corps immergé. Si cette poussée, ou pression, est égale au poids de l'objet, alors l'objet flotte. Le poids de l'objet et le poids de l'eau déplacée sont égaux.

LE PRINCIPE D'ARCHIMÈDE

Le **principe d'Archimède** s'énonce ainsi : « Tout corps plongé dans un fluide subit une poussée verticale, dirigée de bas en haut, égale au poids du fluide déplacé. » En effet, si un objet est immergé dans un fluide, comme de l'eau, il coule, à moins qu'il ne subisse une force verticale de sens contraire égale à son poids.

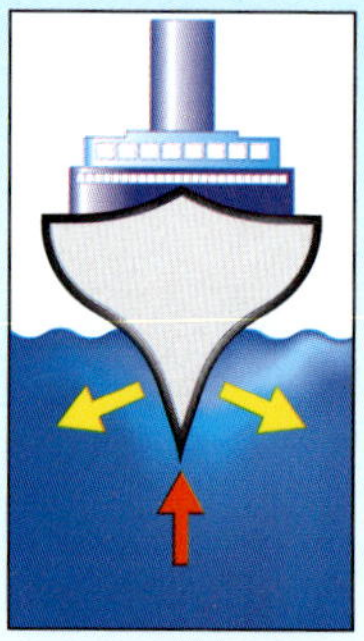

En s'enfonçant, le bateau déplace l'eau (flèches jaunes) mais subit une poussée (flèche rouge) verticale opposée.

Lorsque la poussée de l'eau est égale au poids du bateau, celui-ci se stabilise et flotte.

LA MASSE VOLUMIQUE

Si l'on compare deux objets de même volume et que l'un flotte et l'autre pas, c'est parce que leur poids, en raison de leur masse volumique, n'est pas le même. La **masse volumique** est le quotient de la **masse** (quantité de matière) de l'objet par son volume.

Une bille d'acier est plus lourde qu'une pomme de même taille parce que la matière qu'elle contient est plus resserrée (dense). Une pomme flotte dans l'eau, tandis qu'une bille d'acier coule.

DANS L'AIR

Comme l'eau, l'air exerce une pression, ou poussée, sur les objets. Cette force est égale au poids de l'air repoussé par un objet. Si la poussée est la même que le poids de l'objet, celui-ci flotte. Toutefois, l'air est si léger que les objets qui y flottent sont peu nombreux. Les ballons à air chaud ou à hélium flottent, car ces deux gaz sont plus légers que l'air froid.

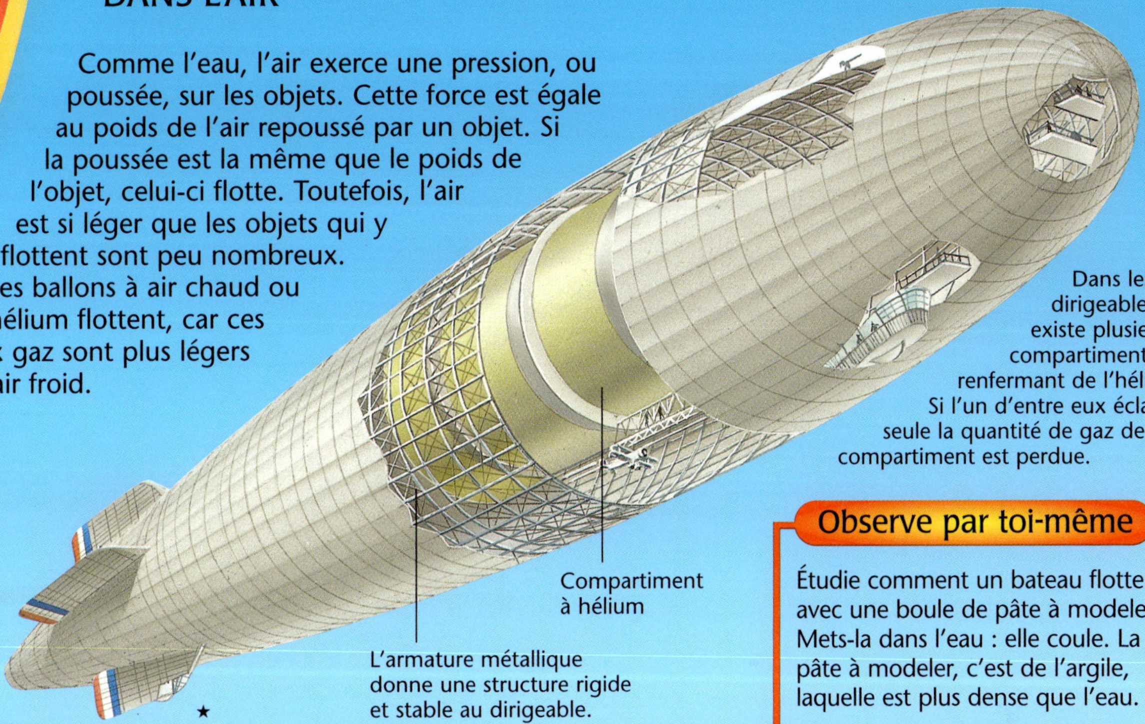

Dans les dirigeables, il existe plusieurs compartiments renfermant de l'hélium. Si l'un d'entre eux éclate, seule la quantité de gaz de ce compartiment est perdue.

Cette vue en coupe représente un dirigeable rempli d'hélium (l'hélium est un gaz plus léger que l'air).

LES BATEAUX

Les navires modernes sont construits en acier, un matériau huit fois plus dense que l'eau, pourtant, ils ne coulent pas, car leur densité totale est inférieure à celle de l'eau. Cela s'explique par le fait qu'ils sont creux. Tout le vide qu'ils renferment les rend plus légers que l'eau. De plus, ils sont volumineux et déplacent une grande quantité d'eau, ce qui crée une forte poussée.

Même chargé, un porte-conteneurs déplace une telle quantité d'eau qu'il flotte. L'eau qu'il déplace crée une poussée suffisante pour le porter.

LA DENSITÉ

Pour qu'un objet flotte dans l'eau, il faut que sa densité soit inférieure ou égale à la densité de l'eau, sinon la poussée de l'eau n'est pas suffisante pour le porter.

La **densité** est le rapport de la masse volumique d'un objet à celle du même volume d'eau, ou d'air pour les gaz. Comme la densité de l'eau est égale à 1, un objet coule si sa densité est supérieure à 1. Il flotte si sa densité est inférieure ou égale à 1.

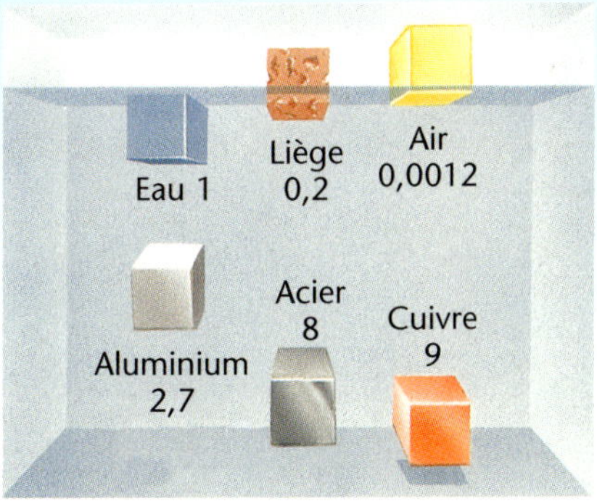

La densité de diverses substances. Les métaux sont en général plus denses que l'eau.

Observe par toi-même

Étudie comment un bateau flotte avec une boule de pâte à modeler. Mets-la dans l'eau : elle coule. La pâte à modeler, c'est de l'argile, laquelle est plus dense que l'eau.

En revanche, si tu modifies sa forme en la creusant au centre, elle flotte. Tu ne changes pas le poids de la pâte à modeler que tu roules ou creuses, mais la nouvelle forme déplace une plus grande quantité d'eau et la poussée de l'eau est égale au poids de l'objet.

L'argile a le même poids, mais elle est creuse et flotte.

L'argile roulée en boule coule.

Liens Internet

Pour les liens vers ces sites, connecte-toi à : **www.usborne-quicklinks.com/fr**

Site 1 Énigme à méditer : ça déborde ou pas ?

Site 2 Le principe d'Archimède avec une animation interactive.

Site 3 Un petit historique de la montgolfière.

Site 4 Comment les corps flottent dans un liquide et dans un gaz.

Site 5 Une fiche : pourquoi les bateaux en métal flottent-ils ?

LES BATEAUX

Autrefois, les bateaux avançaient sur l'eau mus par la force du vent et les muscles des marins. Depuis l'invention du moteur, ils sont propulsés par les hélices*. Les navires plus récents comprennent l'aéroglisseur et l'hydroptère.

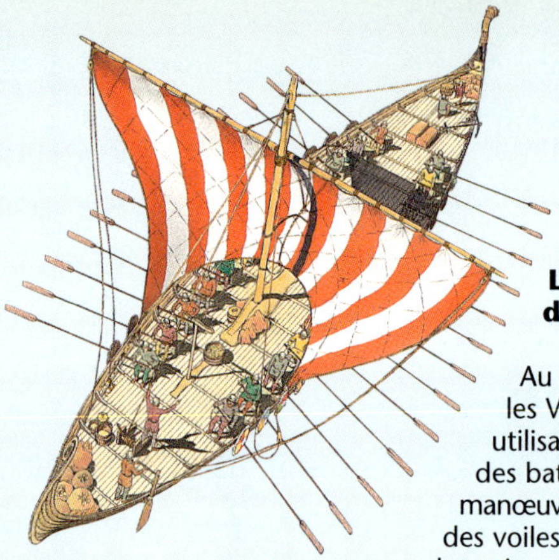

Le bateau des Vikings

Au IXe siècle, les Vikings utilisaient des bateaux manœuvrés par des voiles et par des avirons.

Le navire-citerne

Un navire-citerne transporte du pétrole ou d'autres liquides dans des cuves. Il en existe des géants.

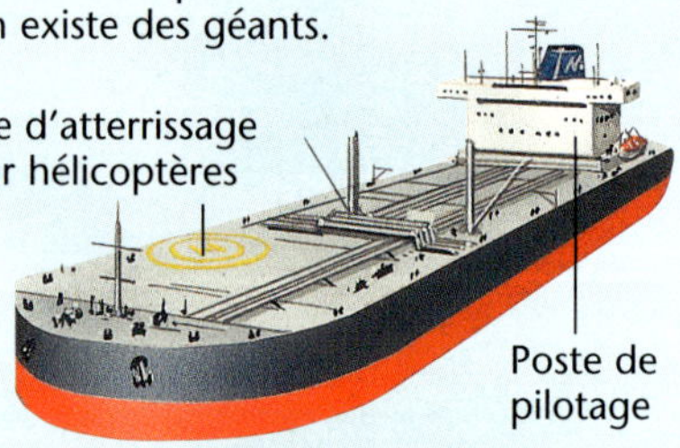

Le paquebot

Un paquebot est un grand navire luxueux destiné à transporter des centaines de passagers en vacances.

Le porte-conteneurs

Il transporte des marchandises enfermées dans des conteneurs métalliques qu'on charge et décharge avec des grues. Un seul bateau peut recevoir des centaines de conteneurs.

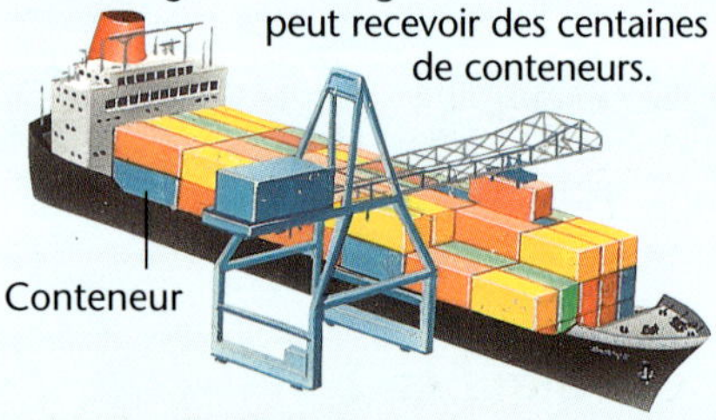

L'aéroglisseur

Un aéroglisseur (ou véhicule à coussin d'air) repose sur une longue jupe flexible formant un coussin d'air qui lui permet de glisser sur l'eau.

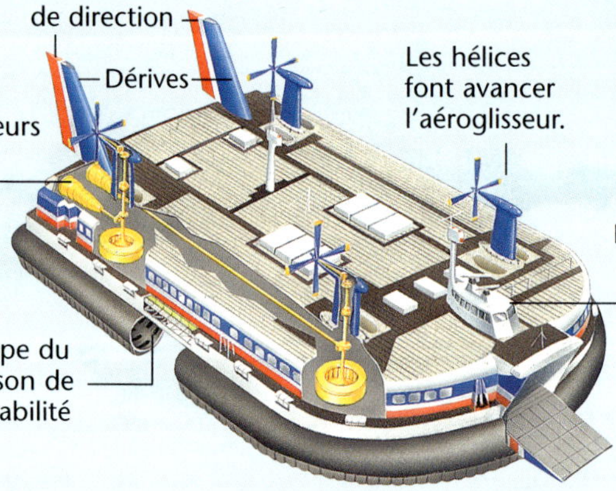

L'hydroptère

C'est un bateau rapide muni d'ailes portantes immergées reliées à la coque par des bras. Quand la vitesse augmente, la poussée de l'eau sur les ailes soulève la coque, réduisant ainsi la résistance de l'eau (force de frottement). Il existe deux types d'ailes (voir ci-dessous).

Hydroptère à ailes munies de patins

Hydroptère à ailes immergées

*Hélices, 38.

Le bateau de fer

Au XIXᵉ siècle, les navires fonctionnent à voile et à vapeur. Une machine à vapeur actionne l'hélice (entourée ci-dessus par un cercle avec le gouvernail) ; la coque est en fer.

Le clipper

C'est un bateau avec un grand nombre de voiles qui servait au XIXᵉ siècle à transporter les marchandises à travers les océans. Il pouvait atteindre une vitesse de 40 km/h.

Le voilier de course

Les voiliers d'antan étaient en bois avec des voiles de toile. Ils étaient lourds. Les versions modernes utilisent des matériaux plus légers qui permettent de gagner en vitesse et en maniabilité.

LE SOUS-MARIN

En modifiant sa densité*, un **sous-marin** peut plonger ou au contraire faire surface. Il est en effet doté de plusieurs compartiments, appelés **ballasts**, dont le remplissage à l'eau de mer permet la plongée, et la vidange la remontée en surface. Ce sont les échanges entre l'air et l'eau qui font varier la densité. Moins dense, le sous-marin remonte, plus dense, il plonge.

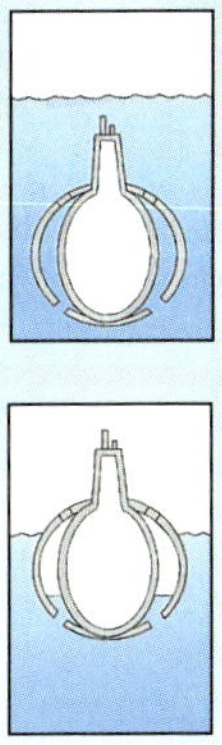

Le sous-marin plonge quand les ballasts sont remplis d'eau.

Le sous-marin fait surface quand les ballasts sont vidangés.

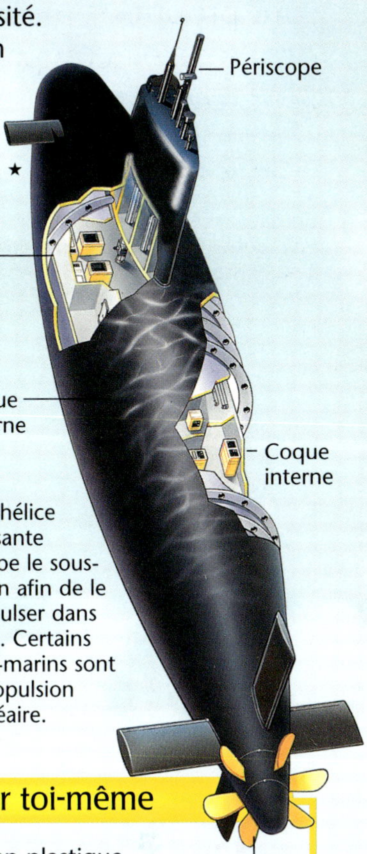

Observe par toi-même

Enfonce une bouteille vide en plastique dans l'eau. Quand tu la lâches, elle remonte brusquement à la surface.

Ensuite, remplis-la d'eau et immerge-la. Elle reste sous l'eau, comme un sous-marin dont on remplit les ballasts, car elle plus dense que l'eau.

Liens Internet

Pour les liens vers ces sites, connecte-toi à : **www.usborne-quicklinks.com/fr**

Site 1 Les bateaux au fil du temps, un passionnant voyage à travers l'histoire.

Site 2 La navigation à voile : comment fonctionnent les voiles.

Site 3 Pour en savoir plus sur le fonctionnement d'un sous-marin.

Site 4 Une fiche à propos de l'aéroglisseur.

Site 5 Si les bateaux t'intéressent, visite le musée maritime, fluvial et portuaire de Rouen, qui présente une exposition virtuelle.

**Densité, 41.*

VOLER

Le premier vol d'un avion s'est déroulé il y a un siècle. Il a duré douze secondes. Aujourd'hui, les avions vont plus vite que le son et les hélicoptères effectuent des vols stationnaires. Les ailes d'un avion et les pales d'un hélicoptère ont une forme spécialement étudiée pour le vol.

Le cerf-volant est le premier objet que l'homme a réussi à faire voler.

LE VOL

Les avions volent au moyen de leurs ailes. Comme celles des oiseaux, elles sont arrondies sur la face supérieure et plates sur la face inférieure. Ce sont des **surfaces portantes**.

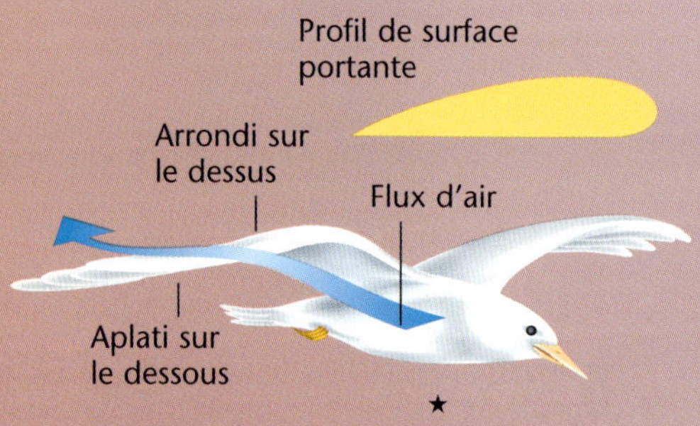

La couche d'air qui circule au-dessus de l'aile parcourant une plus grande distance que la couche d'air qui se déplace sous l'aile, elle accélère. Or, selon le **principe de Bernoulli**, l'accélération du flux d'un gaz s'accompagne d'une réduction de pression. L'air étant un gaz, la couche d'air la plus lente a une pression plus forte et elle pousse l'aile vers le haut. Cette force est la **portance**.

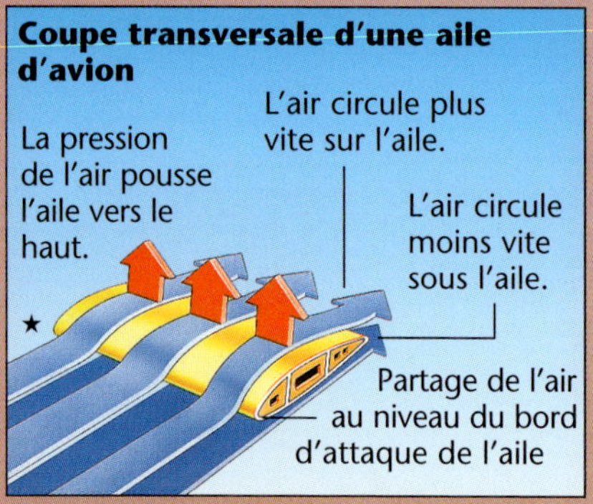

Les planeurs sont des avions légers. Pourtant la portance de leurs ailes est suffisante pour vaincre la force descendante due à la gravité. En revanche, pour rester en l'air, les avions plus lourds ont besoin d'une force de propulsion, la **poussée**, fournie par les moteurs.

Plus la force de propulsion d'un moteur est grande, plus l'avion est rapide. Comme les ailes traversent la couche d'air plus vite, la différence de pression entre les surfaces supérieure et inférieure des ailes est plus grande. La portance est ainsi améliorée par la vitesse.

L'hélice fournit une force de propulsion, ou poussée, à l'avion.

Des moteurs fournissent la poussée nécessaire à l'avion à réaction pour voler.

Les quatre forces en vol

Les flèches indiquent la direction des forces mises en jeu lors du vol : la portance, la gravité, la poussée et la traînée.

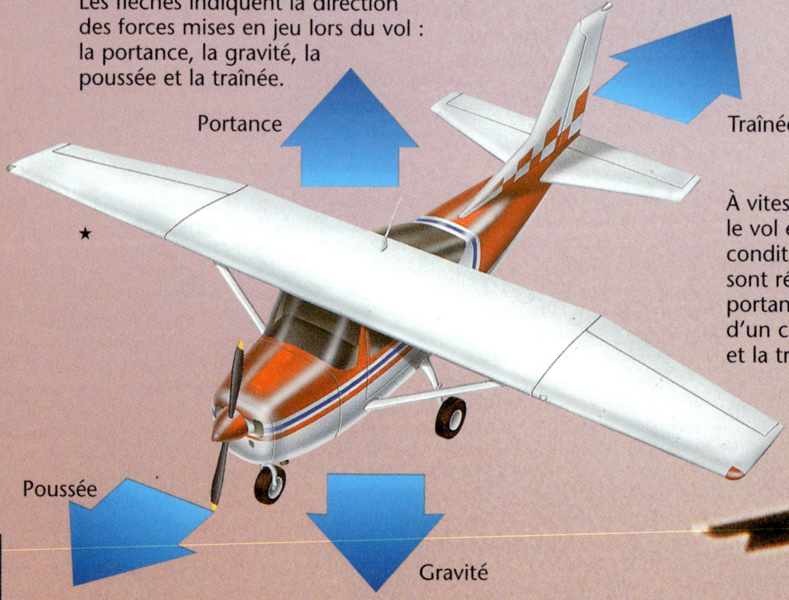

À vitesse constante, le vol est stable si les conditions d'équilibre sont réunies entre la portance et la gravité d'un côté, la poussée et la traînée de l'autre.

La **traînée**, ou **résistance de l'air**, est l'une des quatre forces agissant sur l'avion en vol. Cette force de frottement, ou friction*, s'exerce sur tout objet en mouvement dans l'air.

Comme l'accroissement de la traînée est proportionnel à la vitesse, les avions rapides ont une **forme aérodynamique** conçue pour réduire la traînée. L'air circulant avec fluidité autour d'eux, ils volent en rencontrant moins de résistance.

*Friction, 26.

LES COMMANDES DE L'AVION

L'avion doit pouvoir monter, descendre, aller à droite, à gauche et s'incliner de chaque côté. C'est le rôle des **volets**, ou **gouvernes**, équipant les ailes et la queue de l'appareil. Les gouvernes se nomment **ailerons** sur les ailes et **gouvernes de profondeur** et **de direction** sur la queue. Selon la gouverne actionnée, le pilote augmente la traînée subie par l'avion, qui réagit alors en conséquence.

Le fonctionnement des gouvernes

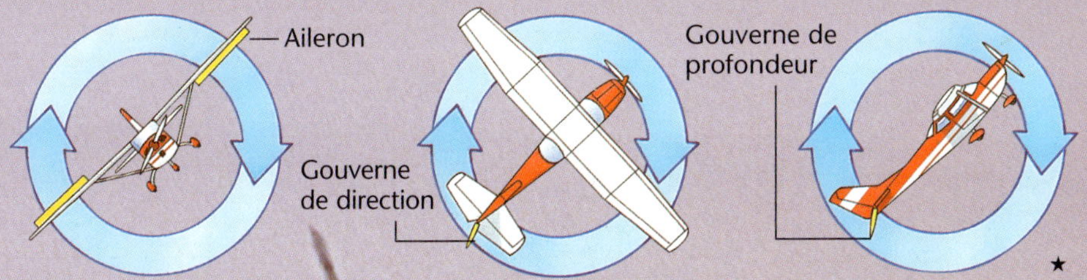

Quand il tourne, l'avion s'incline d'un côté ou de l'autre au moyen des ailerons. C'est le **roulis**.

La gouverne de direction permet à l'appareil de se diriger à droite ou à gauche. Il fait des **mouvements de lacet**.

Les gouvernes de profondeur contrôlent le **tangage**, qui correspond à l'action de monter ou de descendre.

Observe par toi-même

Pour créer une aile d'avion, il faut un bout de papier de 15 cm x 5 cm et un crayon.

Plie le papier en deux dans le sens de la largeur. Ramène une des bandes à environ 1,50 cm du bord et scotche-la. Passe ensuite cette « aile » dans un crayon comme indiqué.

Approche-toi et souffle régulièrement sur la pliure. La différence de pression ainsi créée entre les deux faces du papier soulève celui-ci, comme une véritable aile d'avion.

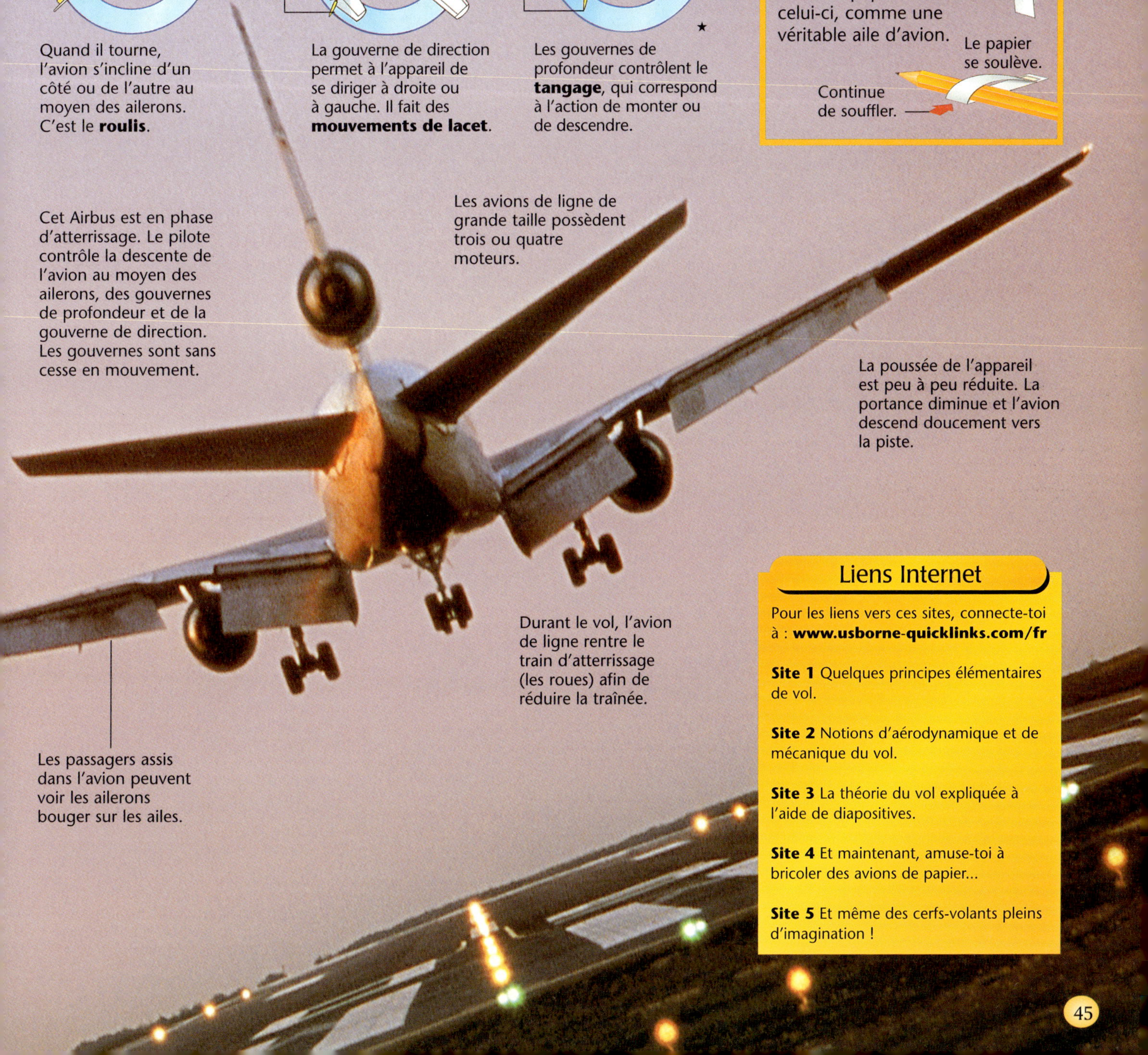

Cet Airbus est en phase d'atterrissage. Le pilote contrôle la descente de l'avion au moyen des ailerons, des gouvernes de profondeur et de la gouverne de direction. Les gouvernes sont sans cesse en mouvement.

Les avions de ligne de grande taille possèdent trois ou quatre moteurs.

La poussée de l'appareil est peu à peu réduite. La portance diminue et l'avion descend doucement vers la piste.

Durant le vol, l'avion de ligne rentre le train d'atterrissage (les roues) afin de réduire la traînée.

Les passagers assis dans l'avion peuvent voir les ailerons bouger sur les ailes.

Liens Internet

Pour les liens vers ces sites, connecte-toi à : **www.usborne-quicklinks.com/fr**

Site 1 Quelques principes élémentaires de vol.

Site 2 Notions d'aérodynamique et de mécanique du vol.

Site 3 La théorie du vol expliquée à l'aide de diapositives.

Site 4 Et maintenant, amuse-toi à bricoler des avions de papier...

Site 5 Et même des cerfs-volants pleins d'imagination !

LES TYPES D'AVION

Selon son utilisation, l'avion adopte divers profils. Certains avions se posent sur l'eau, d'autres, tels les hélicoptères, soulèvent de lourdes charges. Voici quelques-uns de ces types d'avion.

Avion de ligne

Le Boeing 747, surnommé Jumbo jet, est un avion de ligne géant. Il peut transporter jusqu'à 500 passagers.

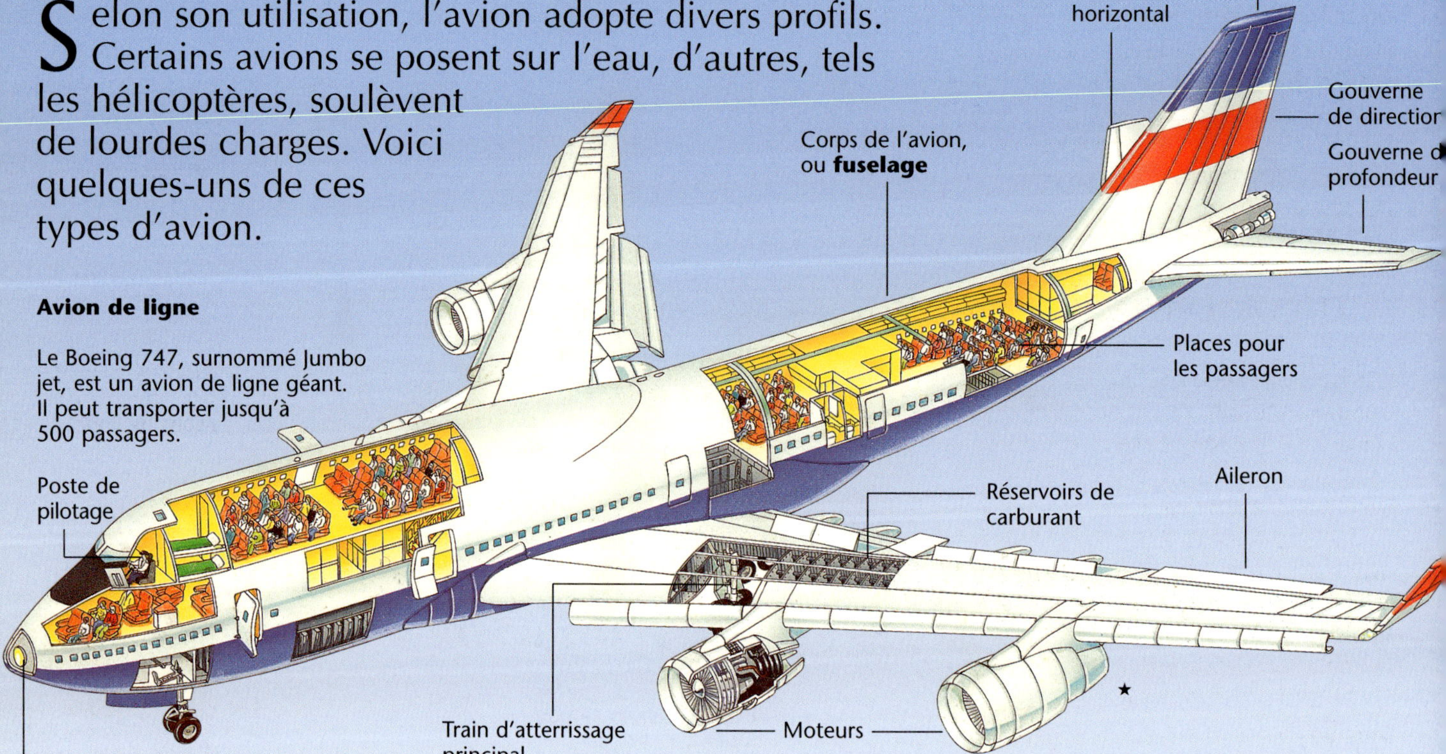

Avion à voilure variable

Ce Panavia Tornado est un avion de combat à voilure variable. Il sort ses ailes pour l'atterrissage, le décollage et un vol lent, et les replie pour un vol à grande vitesse.

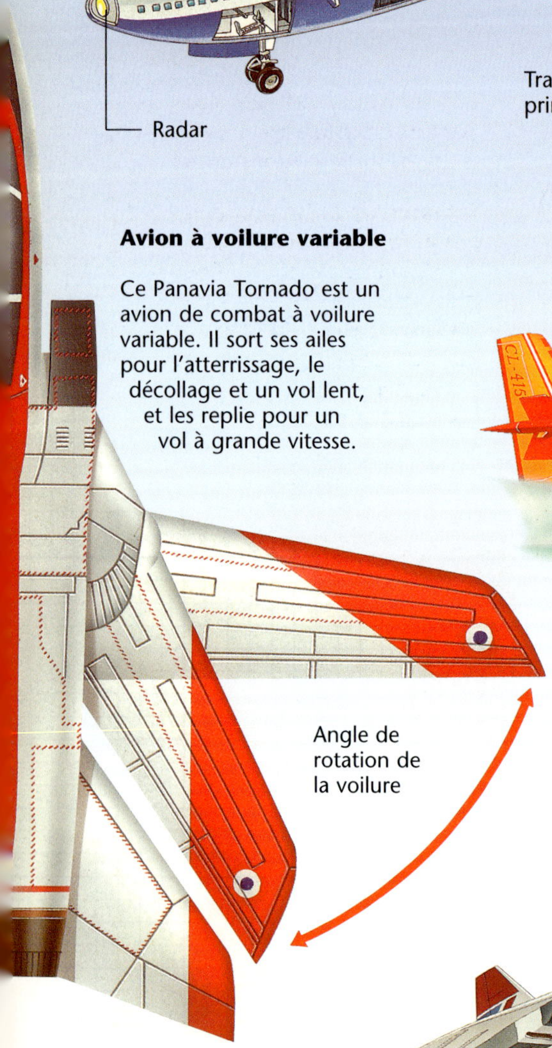

Avion amphibie

Ce Canadair CL-415 est un avion amphibie. Il se pose sur l'eau et décolle sans problème, car son fuselage est conçu comme la coque d'un bateau.

Doté de roues, l'avion amphibie peut aussi se déplacer sur la terre ferme.

Avion furtif

Le bombardier Northrop B2 a une forme spécialement étudiée pour échapper à la détection des radars. Son envergure est de plus de 52 m.

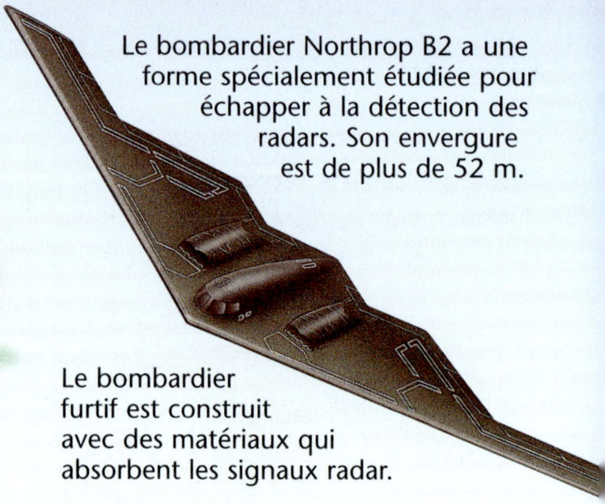

Le bombardier furtif est construit avec des matériaux qui absorbent les signaux radar.

Avion de ligne supersonique

Un avion supersonique dépasse la vitesse du son. Le Concorde était le seul avion de ligne supersonique.

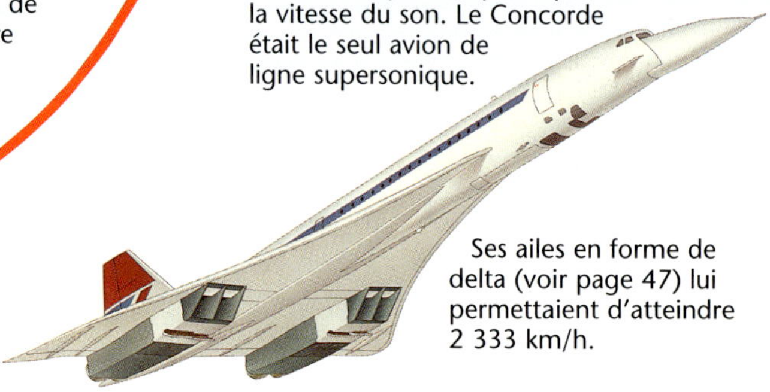

Ses ailes en forme de delta (voir page 47) lui permettaient d'atteindre 2 333 km/h.

Hélicoptère grue

Le Sikorsky Skycrane transporte d'énormes charges dans des endroits inaccessibles.

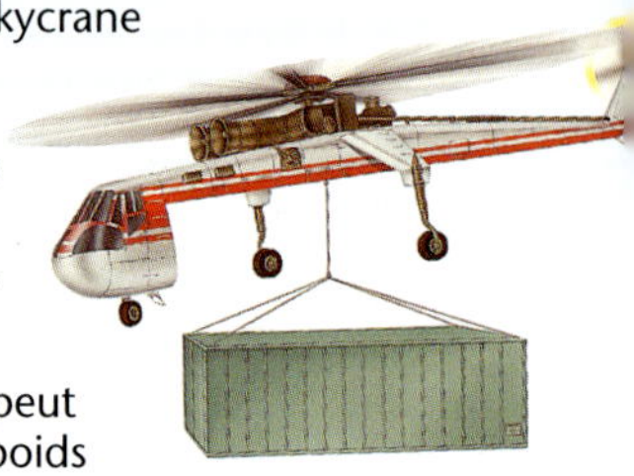

Le Skycrane peut soulever un poids équivalant à plus de 150 personnes. Ci-dessus, il porte une cabine destinée à un chantier de construction.

LE PREMIER VOL

Le premier vol en avion a été entrepris pour la première fois avec succès en 1903. C'était à bord du Flyer I. Dessiné et construit par les frères Wright, aux États-Unis, l'appareil est resté dans les airs pendant douze secondes.

Coupe de la structure de l'aile

Les ailes du Flyer I étaient en toile tendue sur une armature de bois.

LA FORME DE L'AILE

La vitesse d'un avion dépend de la forme de ses ailes et de la taille de ses moteurs.

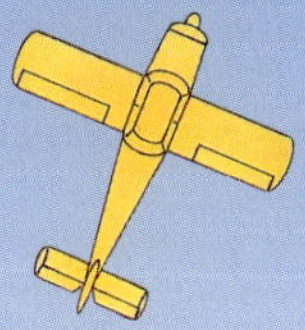

Les ailes droites permettent une portance* suffisante pour un vol lent sans trop de traînée*.

À grande vitesse, la voilure variable réduit la traînée. Elle équipe les avions de grande taille, comme les avions de ligne.

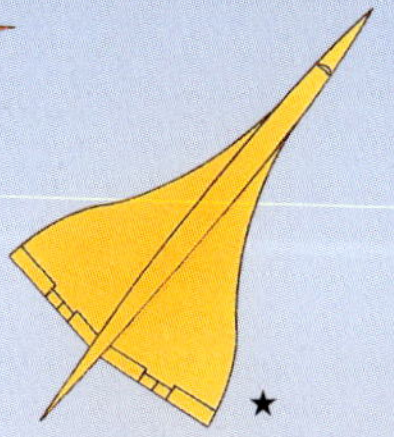

Les avions les plus rapides comme les supersoniques possèdent des ailes delta.

L'HÉLICOPTÈRE

Un **hélicoptère** est un appareil capable de voler dans tous les sens mais aussi de faire du surplace en restant immobile (vol stationnaire). Les pales du rotor sont des surfaces portantes* qui soulèvent l'appareil en tournant rapidement. La poussée* est fournie par l'inclinaison des pales vers l'avant. L'hélicoptère avance alors en repoussant l'air.

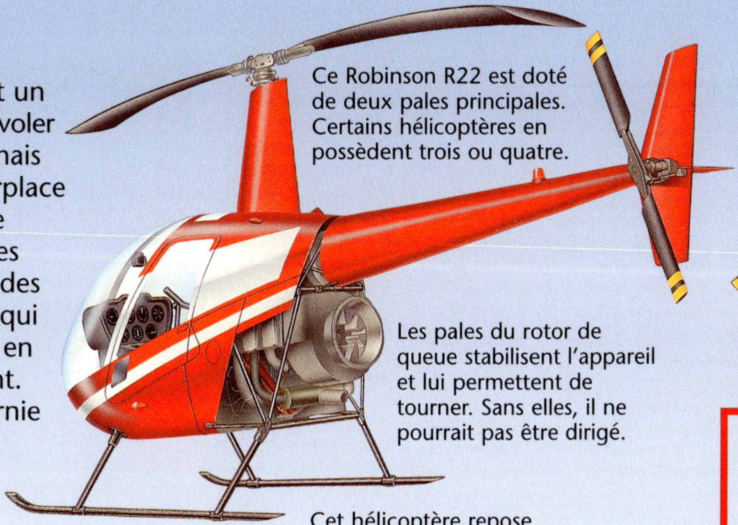

Ce Robinson R22 est doté de deux pales principales. Certains hélicoptères en possèdent trois ou quatre.

Les pales du rotor de queue stabilisent l'appareil et lui permettent de tourner. Sans elles, il ne pourrait pas être dirigé.

Cet hélicoptère repose non pas sur des roues mais sur des **patins**.

Observe par toi-même

Sur un avion miniature, les ailes sont semblables à celles d'un avion grandeur nature.

Fabrique un avion de papier et fais-lui faire toutes sortes d'acrobaties aériennes. Pour cela, va sur le site Quicklinks d'Usborne *www.usborne-quicklinks.com/fr* dans Images à télécharger et suis les instructions du modèle.

LES ADAV

Comme cet Harrier, les **ADAV** (**Avions à Décollage et Atterrissage Verticaux**) n'ont pas besoin de piste pour décoller.

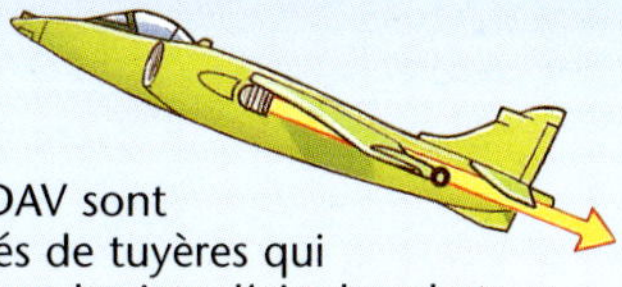

Les ADAV sont équipés de tuyères qui orientent les jets d'air chaud et de gaz émis par les moteurs. En vol normal, les tuyères sont inclinées vers l'arrière, ce qui pousse l'avion en avant.

Tuyère

Cet Harrier décolle : ses tuyères pointent vers le sol et poussent l'avion vers le haut.

Liens Internet

Pour les liens vers ces sites, connecte-toi à : **www.usborne-quicklinks.com/fr**

Site 1 L'histoire de l'aviation, de 1916 à nos jours.

Site 2 Un musée consacré en grande partie au Concorde.

Site 3 Une fiche sur l'aéroplane de Clément Ader.

Site 4 Des photos de différents types d'avions civils et militaires.

Site 5 La traversée de la Manche par Louis Blériot.

Portance, Poussée, Surface portante, Traînée, 44.

LES MOTEURS

Un **moteur** est une machine qui transforme en mouvement l'énergie accumulée dans un combustible. L'énergie est libérée lors de la **combustion**, c'est-à-dire qu'il faut brûler le combustible soit dans le moteur (**combustion interne**) soit hors de celui-ci (**combustion externe**) pour dégager de l'énergie.

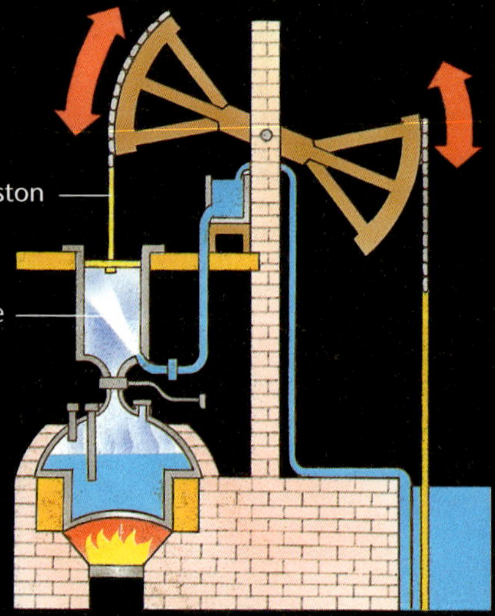

Une des premières machines à vapeur, qui fut construite par Thomas Newcomen (1663-1729).

LES MACHINES À VAPEUR

Les premiers moteurs fonctionnaient avec l'énergie de la vapeur. Inventées il y a environ 300 ans, ces machines à vapeur étaient à combustion externe.

Dans le **foyer** situé dans une enceinte extérieure, on brûlait du bois (ou du charbon). La combustion permettait de faire bouillir de l'eau et de produire de la vapeur, qui, sous l'effet de son expansion, actionnait un piston (l'augmentation du volume de la vapeur équivaut à 2 000 fois celui de l'eau).

DES MOTEURS AMÉLIORÉS

Les premières machines à vapeur n'étaient ni fiables ni efficaces. Toutefois, au XIXe siècle, avec l'amélioration des techniques, les trains comme les machines industrielles fonctionnaient avec des moteurs à vapeur. À cette époque, l'ingénieur britannique James Watt (1736-1819) conçut une machine à vapeur utilisée partout dans le monde (voir ci-contre).

La machine à vapeur de Watt

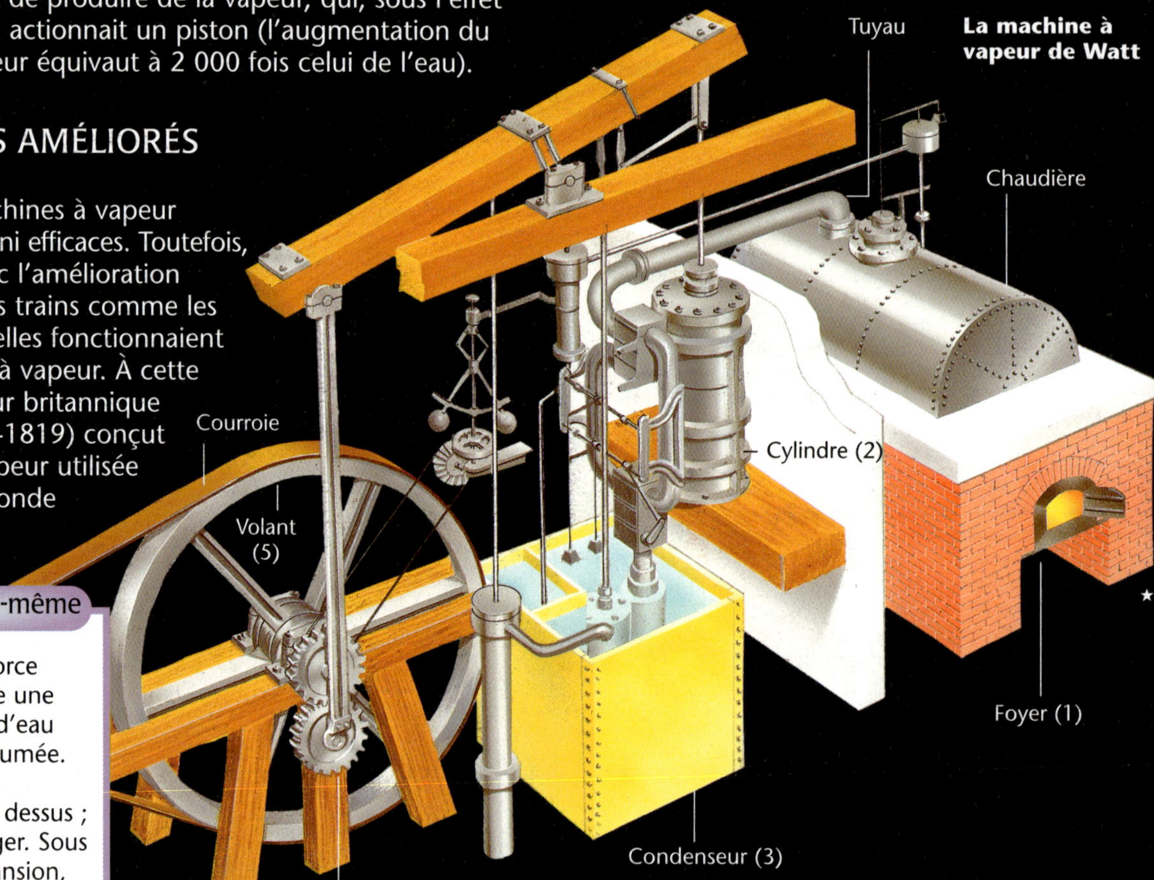

1. La machine était alimentée par du charbon qui, en brûlant dans le foyer, chauffait l'eau de la chaudière
2. Le tuyau menait la vapeur dégagée dans la chaudière jusqu'au cylindre renfermant le piston, qu'elle faisait remonter
3. Le condenseur refroidissait la vapeur et le piston descendait. La vapeur se transformait en eau.
4. L'engrenage, dit planétaire, convertissait le mouvement de va-et-vient du piston en mouvement de rotation.
5. Le volant tournait et la courroie transférait le mouvement au mécanisme industriel.

Observe par toi-même

Pour observer la force de la vapeur, place une casserole remplie d'eau sur la cuisinière allumée.

Pose un couvercle dessus ; tu vas le voir bouger. Sous l'effet de son expansion, la vapeur s'élève et pousse sur le couvercle.

L'énergie de la vapeur est utilisée dans des machines qui la convertissent en mouvement.

LES TURBINES

De nombreuses machines modernes utilisent encore l'énergie de la vapeur. Ainsi, la vapeur sous pression peut actionner d'énormes **turbines** dont les aubes (les lames), en tournant, génèrent de l'électricité.

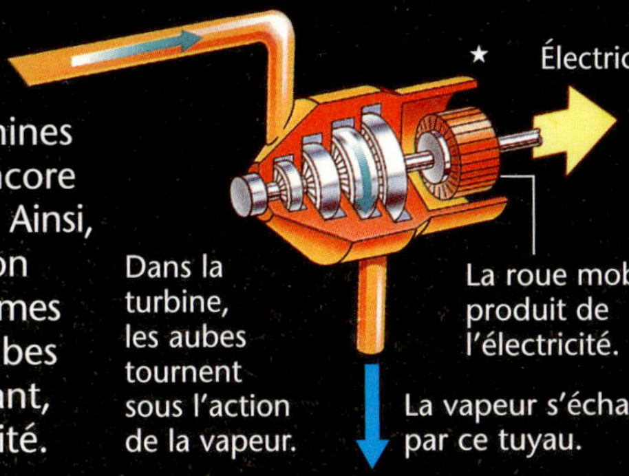

Partie d'une turbine géante actionnée par la vapeur dans une centrale électrique. Reporte-toi au schéma de gauche pour son fonctionnement.

LA COMBUSTION INTERNE

Comparés aux moteurs à combustion externe, les **moteurs à combustion interne** ont un bon rendement. La combustion interne d'un mélange de carburant et d'air produit des gaz chauds dans le moteur même. C'est par leur expansion que ces gaz fournissent la force nécessaire au fonctionnement du mécanisme.

Les voitures modernes sont équipées d'un moteur à combustion interne qui entraîne en général les roues avant (roues motrices).

LES GAZ D'ÉCHAPPEMENT

Certains des gaz produits lors de la combustion sont nocifs. Ils sont expulsés du moteur sous la forme de **gaz d'échappement**.

Afin de réduire la pollution, les moteurs des automobiles récentes sont équipés d'un **pot catalytique**. Ce pot est le siège de réactions chimiques accélérées par des substances, les **catalyseurs**, qui réduisent la nocivité des gaz d'échappement.

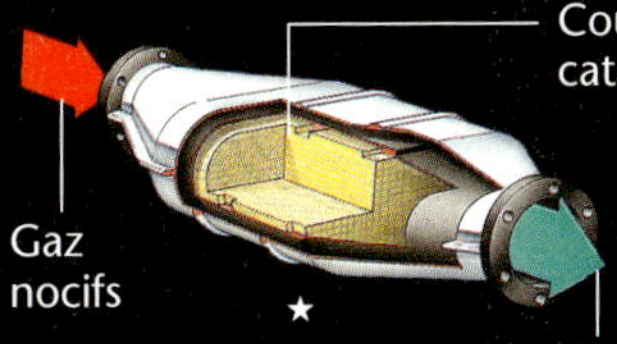

Dans le pot catalytique, le monoxyde de carbone est transformé en gaz carbonique et en vapeur d'eau, tandis que l'oxyde d'azote est remplacé par de l'azote et de l'oxygène.

Liens Internet

Pour les liens vers ces sites, connecte-toi à : **www.usborne-quicklinks.com/fr**

Site 1 Denis Papin et la machine à vapeur.

Site 2 Pour en savoir plus sur le moteur à combustion interne.

Site 3 Le moteur électrique (animation).

Site 4 Une fiche sur le fonctionnement de la pile à combustible.

Site 5 L'histoire de l'automobile, avec de nombreux liens pour se documenter.

LE MOTEUR À ESSENCE

La plupart des moteurs de voitures fonctionnent à l'essence. Les **moteurs à essence** sont à combustion interne* : la force produite par la combustion imprime un mouvement de haut en bas à un piston enfermé dans un cylindre creux.

Chaque piston effectue un **cycle de combustion à quatre temps** (voir ci-contre).

Le cycle à quatre temps

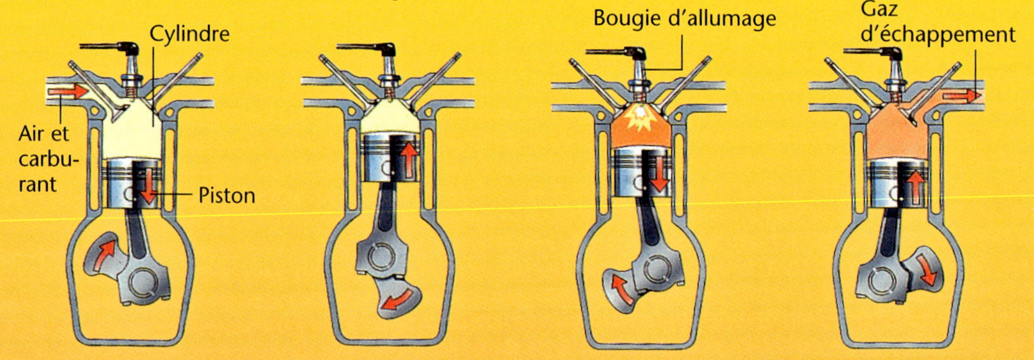

1. Le piston descend. Le mélange air et carburant est aspiré dans le cylindre.

2. Le piston monte. Le mélange carburant et air est comprimé. Il s'échauffe.

3. La bougie d'allumage crée une étincelle qui enflamme le mélange. Les gaz se détendent et repoussent le piston.

4. Le piston remonte et expulse le restant des gaz brûlés détendus (gaz d'échappement).

Moteur de voiture à combustion interne à quatre temps du constructeur automobile Ford ; il est appelé le Zetec.

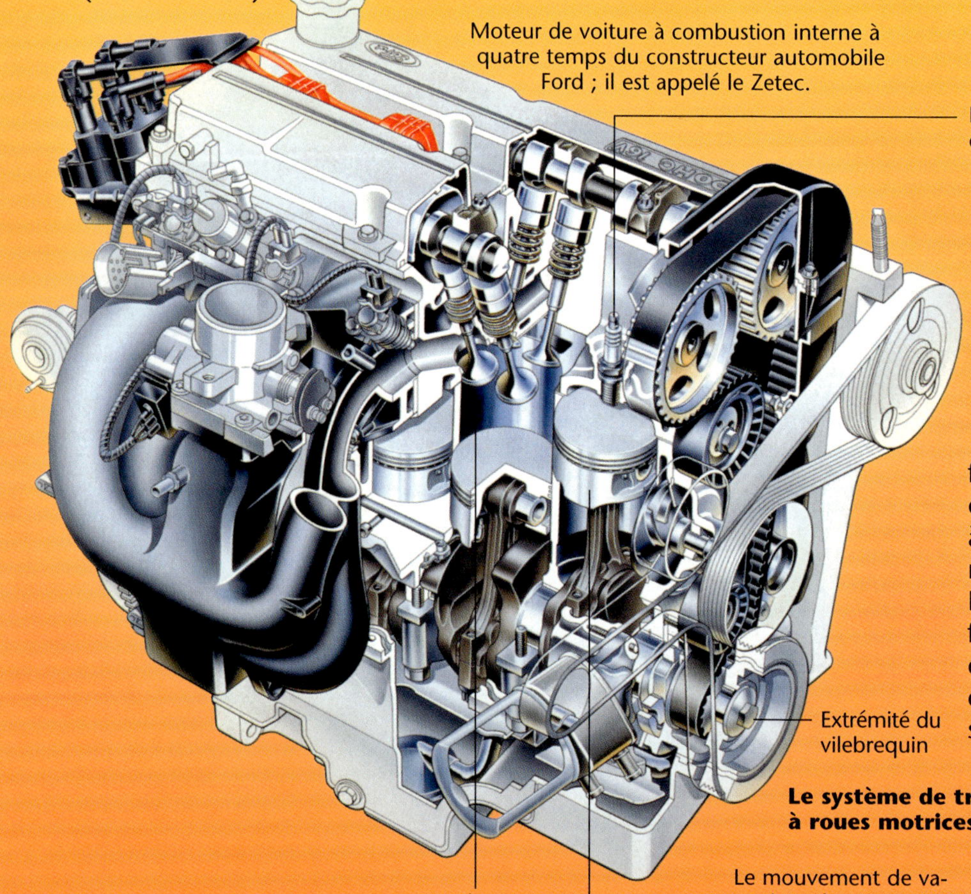

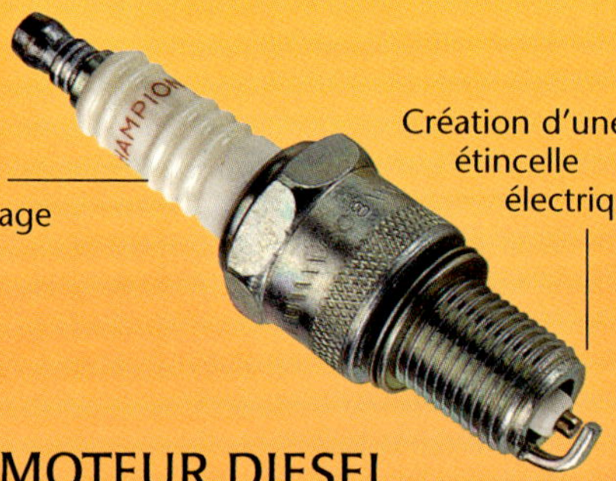

LE MOTEUR DIESEL

Le diesel est un carburant utilisé surtout par les véhicules de gros gabarit ainsi que quelques trains. Le fonctionnement d'un moteur Diesel est le même que celui d'un moteur à essence, mais, au départ, le piston n'aspire que de l'air dans le cylindre. Ensuite, l'air comprimé s'échauffe fortement, puis le diesel est injecté dans le cylindre où la chaleur intense qui se dégage l'enflamme spontanément, sans qu'une étincelle soit nécessaire.

Le système de transmission d'une voiture à roues motrices

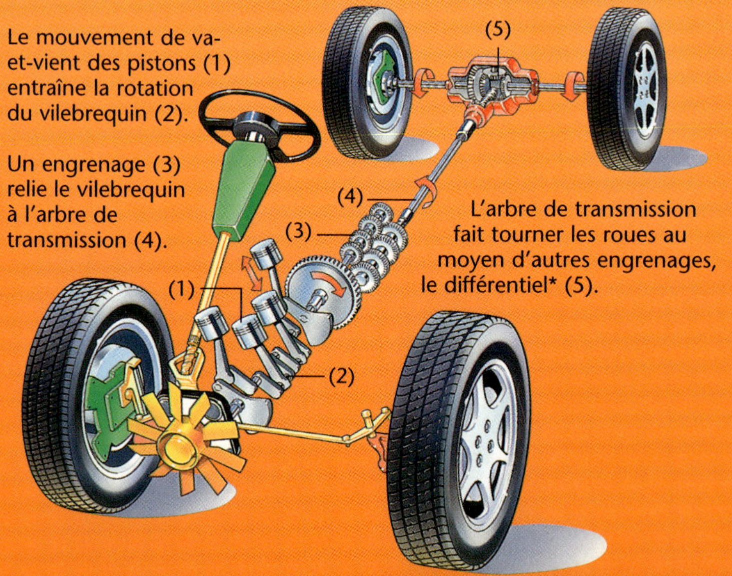

LA TRANSMISSION

Le cycle de combustion à quatre temps se déroule dans chacun des cylindres de la voiture. Un système d'engrenage, la **transmission**, convertit les mouvements de va-et-vient des pistons en un mouvement de rotation qui actionne les roues. Que l'automobile ait des roues motrices à l'avant ou à l'arrière, le système suit les mêmes étapes (voir aussi page 53, *La transmission*).

**Combustion interne, 49 ; Différentiel, 53.*

LE MOTEUR À RÉACTION

Dans un **moteur à réaction**, la combustion interne* atteint une puissance élevée. Les gaz chauds produits sont éjectés à grande vitesse à l'arrière du moteur. Surtout utilisé en aéronautique, le moteur à réaction permet de propulser un avion dans l'air.

Le moteur à réaction porte aussi le nom de **turbine à gaz**, car les gaz chauds entraînent les aubes (les lames) d'une turbine située dans le moteur. La turbine aspire l'air dans le moteur et le comprime avant qu'il ne se mélange au carburant et brûle.

LE TURBORÉACTEUR

Le **turboréacteur** (voir ci-dessous) est le plus simple et le plus rapide des types de moteur à réaction. Bruyant et, comparé à un turboréacteur à double flux (voir ci-contre), consommant beaucoup de carburant, il n'est utilisé qu'avec des avions à réaction ultrarapides.

Coupe du turboréacteur

Admission de l'air (1). Les turbines reposant dans le compresseur (2) compriment l'air avant qu'il ne passe dans la chambre de combustion (3), où il se mélange au carburant (le kérosène). Le mélange brûle en produisant des gaz chauds qui se dilatent.

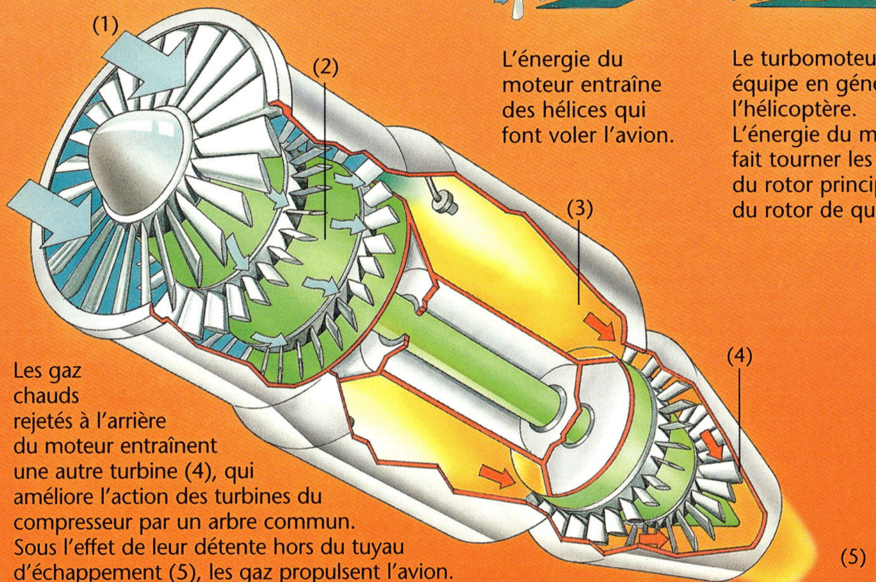

Les gaz chauds rejetés à l'arrière du moteur entraînent une autre turbine (4), qui améliore l'action des turbines du compresseur par un arbre commun. Sous l'effet de leur détente hors du tuyau d'échappement (5), les gaz propulsent l'avion.

Moteur à combustion interne, 49.

LE TURBORÉACTEUR À DOUBLE FLUX

Il équipe surtout les avions de ligne. Moins nerveux qu'un turboréacteur normal, il est aussi moins bruyant et consomme moins de carburant.

Coupe du turboréacteur à double flux (ou à soufflante)

Une grande quantité d'air est aspirée par une soufflante (1), sorte de grande hélice, située à l'avant. En traversant le compresseur et la chambre de combustion (2), une partie seulement de cet air produit des gaz chauds. L'échappement (3) des gaz chauds détendus propulse l'avion.

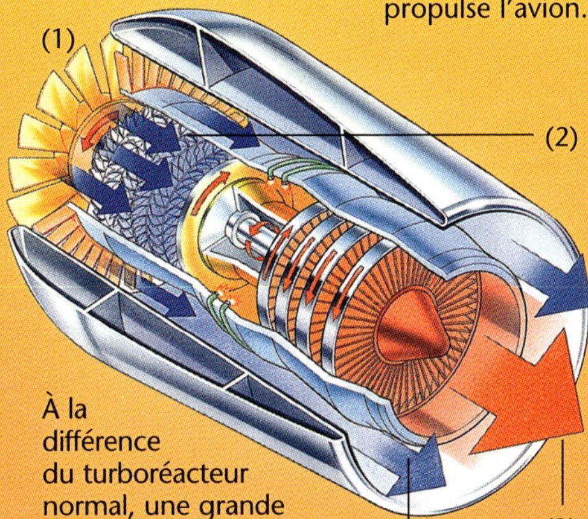

À la différence du turboréacteur normal, une grande partie de l'air aspiré (4) est déviée dans le moteur. À l'arrière, il se mélange aux gaz, ce qui réduit le bruit et fournit une poussée supplémentaire.

Il existe deux autres types de turbine à gaz :

Turbopropulseur

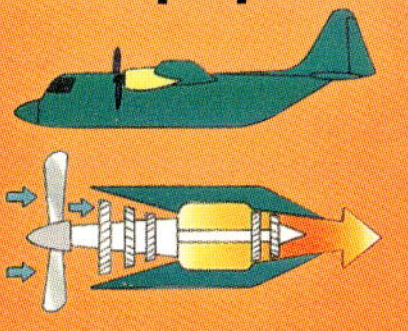

L'énergie du moteur entraîne des hélices qui font voler l'avion.

Turbomoteur

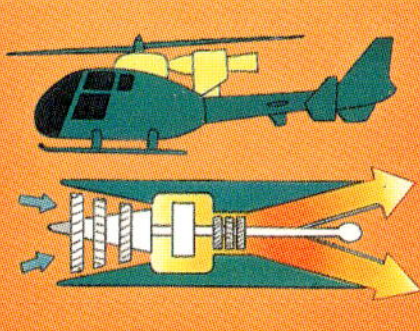

Le turbomoteur équipe en général l'hélicoptère. L'énergie du moteur fait tourner les pales du rotor principal et du rotor de queue.

LE MOTEUR FUSÉE

Comme un moteur à réaction, le **moteur fusée** produit des gaz chauds qui sont éjectés à grande vitesse. Mais au lieu d'aspirer de l'air pour la combustion, le moteur fusée transporte de l'oxygène liquide, ce qui lui permet de voyager dans l'espace, où l'air est absent.

Les fusées spatiales ont été mises au point à partir de missiles, comme le V-2 conçu en 1942.

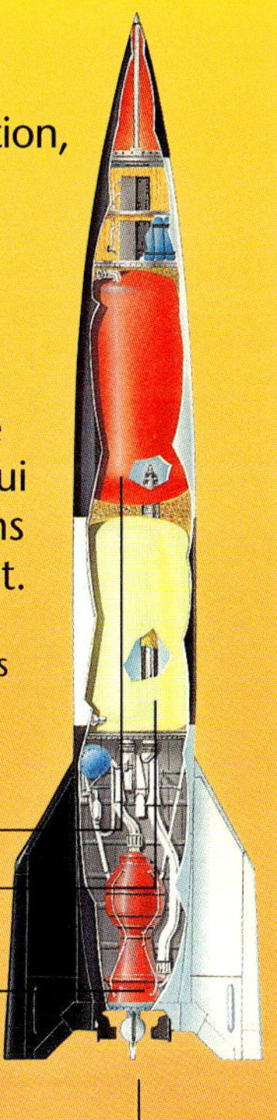

Observe par toi-même

Cette expérience permet de comprendre le fonctionnement du moteur à réaction. Passe une ficelle dans une paille à boire et attache les deux bouts à un meuble. Souffle dans un ballon et ne lâche pas le bout pour qu'il ne dégonfle pas. Demande à un ami de scotcher le ballon à la paille.

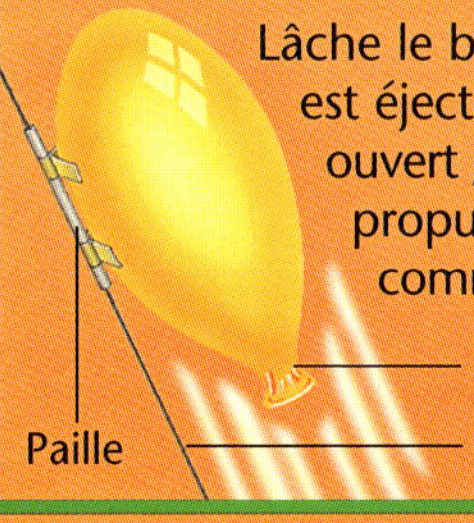

Lâche le ballon. L'air est éjecté par le bout ouvert ; le ballon est propulsé en avant, comme une fusée.

Liens Internet

Pour les liens vers ces sites, connecte-toi à : **www.usborne-quicklinks.com/fr**

Site 1 Le moteur à quatre temps (animation).

Site 2 Le principe des fusées, avec une animation.

Site 3 Étude des moteurs à essence et Diesel, avec un quiz.

Site 4 Un dossier sur le vol d'un avion et la propulsion (turboréacteur, turbopropulseur, etc).

VOITURES ET MOTOCYCLETTES

En réduisant le temps de transport et en nous permettant de nous déplacer à volonté, l'automobile, la moto et les véhicules routiers en général ont transformé notre façon de vivre. Mais leur popularité est aussi source de pollution et d'embouteillages. Chaque jour, les constructeurs automobiles cherchent des moyens de réduire les dégâts causés à l'environnement.

Voici une des toutes premières automobiles. Elle a été conçue en Allemagne en 1885.

LA TECHNOLOGIE AUTOMOBILE

La première voiture a été inventée il y a environ 120 ans. Au début, elle était lente, bruyante, peu fiable et dangereuse. Depuis lors, les ingénieurs et les concepteurs ont fait beaucoup de progrès. Tous les éléments vitaux, comme le moteur, les freins, la transmission et la suspension, ont été revus et améliorés. Le véhicule ci-dessous est un exemple de la voiture moderne.

Coupe d'une Ford Puma. Elle a été conçue en 1997 ; sa vitesse de pointe est d'environ 200 km/h.

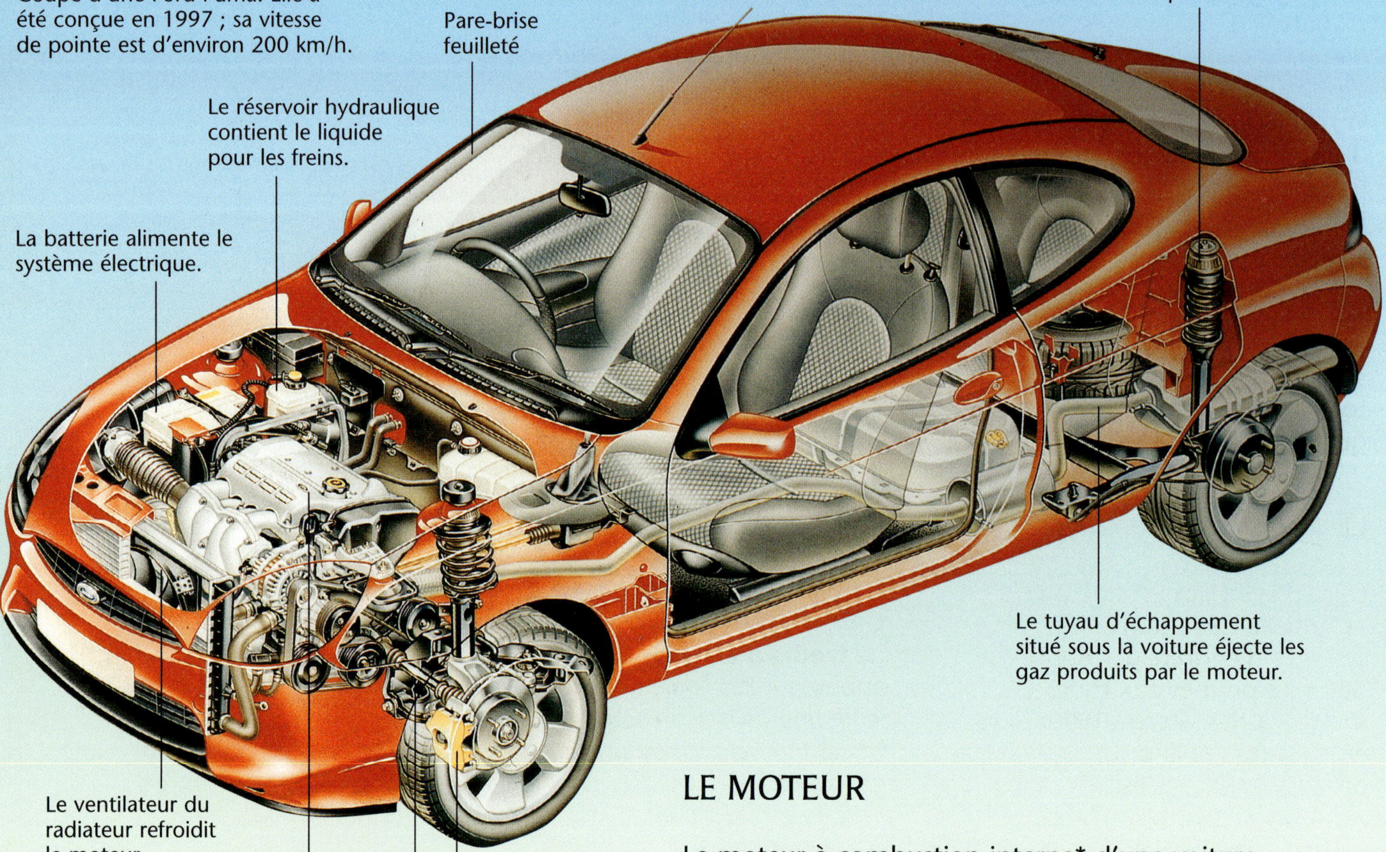

LE MOTEUR

Le moteur à combustion interne* d'une voiture consomme de l'essence ou du diesel. Les gaz produits impriment un mouvement vertical aux pistons du cylindre. Ce mouvement est transféré du moteur à l'arbre de transmission qui actionne les roues, via la boîte de vitesses. La voiture peut alors démarrer. Le cylindre d'une voiture se mesure en litre. Un véhicule de 1,4 l possède des cylindres qui contiennent en tout 1,4 l.

**Moteur à combustion interne, 49.*

LA MOTO

La moto et l'auto ont de nombreux points communs, mais la moto n'a pas besoin de différentiel (voir ci-dessous) et son moteur peut se réduire à 50 cm³ (la moitié d'un litre), car elle est plus légère. Toutefois, il existe des motos dont le moteur est si puissant qu'elles doublent sans peine les voitures.

Cette Honda FireBlade possède un moteur de 900 cm³.

LA TRANSMISSION

La **transmission** (voir aussi page 50) est un système d'**engrenage** composé de roues dentées métalliques, transférant la puissance du moteur aux roues du véhicule. Le moteur entraîne d'abord une tige, appelée l'arbre d'entrée, laquelle, par l'intermédiaire de roues dentées, entraîne d'autres roues dentées, qui actionnent elles-mêmes une autre tige, l'arbre de sortie. À son tour, l'arbre de sortie fait tourner l'arbre de transmission, qui entraîne les roues.

LA SUSPENSION

La **suspension** est composée d'un ressort et d'un amortisseur. Le ressort est étiré et comprimé à chaque fois que la roue passe sur un inégalité de la route. Quant à l'amortisseur, il retarde l'action du ressort afin que le voyage se passe en douceur.

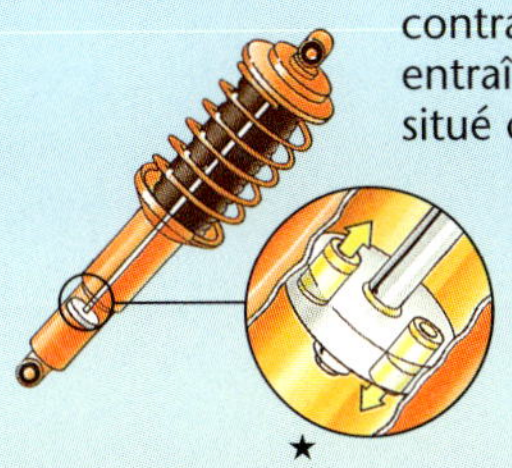
En s'étirant et en se contractant, le ressort entraîne le piston situé dans le cylindre.

Dans l'amortisseur, l'huile injectée à travers des valves ralentit le piston.

Observe par toi-même

Le fonctionnement du différentiel : il te faut deux crayons, deux bobines de fil, un bout de papier et du Scotch. Enroule le papier autour d'un crayon et scotche-le. Fais-le glisser jusqu'au bout arrondi et insère l'autre crayon dedans par son bout arrondi. Place une bobine autour de chaque mine et marque chaque crayon d'un point rouge.

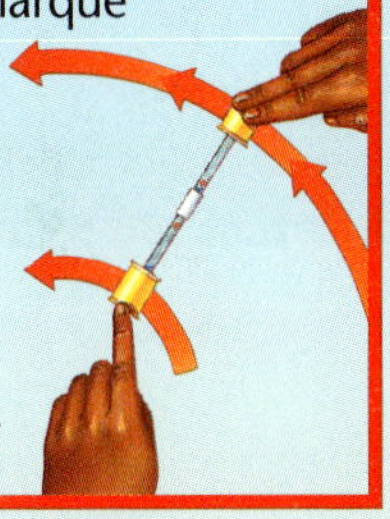

Fais rouler le tout et compare le nombre de tours des deux crayons.

LE DIFFÉRENTIEL

Le **différentiel** est une partie essentielle de la transmission. Ce système d'engrenage monté sur des axes permet aux roues de tourner à des vitesses différentes en fonction de la distance qu'elles ont à parcourir. C'est le cas dans les virages, quand les roues extérieures doivent aller plus vite et plus loin que les roues intérieures.

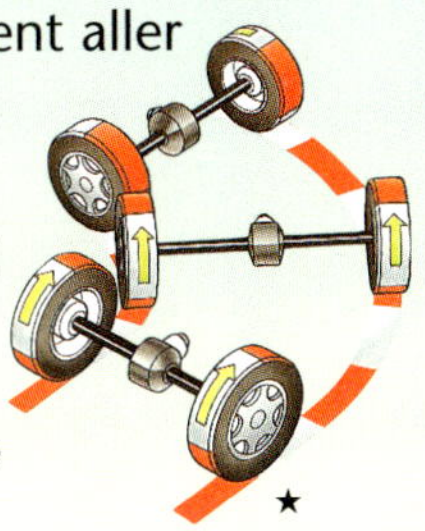
La roue intérieure parcourt une plus courte distance que la roue extérieure.

LE FREIN

Comme l'auto, la moto est équipée de **freins à disque**. Quand on appuie sur la pédale de frein (levier), le liquide de frein injecté dans le tube comprime les plaquettes de frein, qui enserrent le disque d'acier. La friction* ainsi générée ralentit la rotation du disque et donc de la roue.

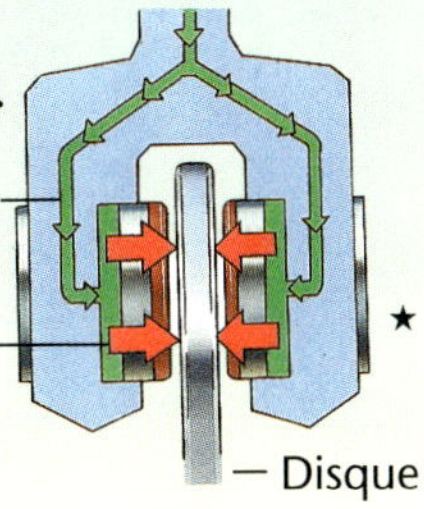

Liens Internet

Pour les liens vers ces sites, connecte-toi à : **www.usborne-quicklinks.com/fr**

Site 1 L'automobile, un besoin créé ou une réelle nécessité ?

Site 2 La voiture électrique, véhicule de demain ? Un dossier complet.

Site 3 Un véritable musée de l'automobile, galerie de photos.

Site 4 Pour les passionnés de moto, toute son histoire.

Site 5 Surfe sur le site de Renault, où tu trouveras divers sujets intéressants.

*Centre de gravité, 33 ; Friction, 26 ; Traînée, 44.

LES UNITÉS DE MESURE

Mesurer est une activité scientifique essentielle. Les deux systèmes de mesure les plus utilisés dans le monde sont l'**impérial** et le **métrique**. Le système impérial est ancien, il remonte au XIIe siècle et peut-être même plus loin encore. Le système métrique fut introduit en France dans les années 1790. Appelé aussi **système décimal**, il est d'utilisation pratique, car il procède par puissance de dix (10, 100, 1 000).

LE SYSTÈME MÉTRIQUE

Longueur et distance

10 millimètres (mm) = 1 centimètre (cm)
10 centimètres (cm) = 1décimètre (dm)
100 centimètres (cm) = 1 mètre (m)
1 000 mètres (m) = 1 kilomètre (km)

Surface

100 millimètres carrés (mm^2) = 1 centimètre carré (cm^2)
10 000 cm^2 = 1 mètre carré (m^2)
10 000 m^2 = 1 hectare (ha)
100 hectares = 1 kilomètre carré (km^2)

Masse

1 000 grammes (g) = 1 kilogramme (kg)
1 000 kilogrammes (kg) = 1 tonne (t)

Volume et capacité

1 centimètre cube (cm^3) = 1 millilitre (ml)
1 000 millilitres (ml) = 1 litre (l)
1 000 litres (l) = 1 mètre cube (m^3)

LE SYSTÈME IMPÉRIAL

Surtout en usage dans les pays anglo-saxons, Amérique du Nord et Grande-Bretagne entre autres. Il n'est pas fondé sur le système décimal, qui n'est utilisé que pour les chiffres.

Longueur et distance

12 inches (pouce) = 1 foot (pied)
3 feet (pieds) = 1 yard
1 760 yards = 1 mile

Surface

144 square inches (pouce carré)= 1 square foot (pied carré)
9 square feet (pied carré) = 1 square yard (yard carré)
4 840 square yards = 1 acre
640 acres = 1 square mile (mile carré)

Masse

16 ounces = 1 pound (lb, livre)
14 pounds = 1 stone
2 240 pounds (160 stone) = 1 ton (tonne)

Volume et capacité

20 fluid ounces* (16 aux États-Unis) = 1 pint
2 pints = 1 quart 8 pints = 1 gallon

*1 fl oz (once liquide britannique) = 0,0284 litre ; (once liquide américaine) = 0,0295 litre

TABLES DE CONVERSION

Pour passer d'un système à l'autre, réfère-toi à ces tables de conversion et utilise une calculette pour les multiplications.

Convertir	en	multiplier par
cm	inches	0,394
m	yards	1,094
km	miles	0,621
grammes	ounces	0,035
kilogrammes	pounds	2,205
tonnes	tons	0,984
cm^2	square inches	0,155
m^2	square yards	1,196
km^2	square miles	0,386
hectares	acres	2,471
litres	pints	1,76

Convertir	en	multiplier par
inches	cm	2,54
yards	m	0,914
miles	km	1,609
ounces	grams	28,35
pounds	kilograms	0,454
tons	tonnes	1,016
square inches	cm^2	6,452
square yards	m^2	0,836
square miles	km^2	2,59
acres	hectares	0,405
pints	litres	0,5683

LE SYSTÈME INTERNATIONAL D'UNITÉS (SI)

Le système international d'unités ou SI, adopté peu à peu dans tous les pays du monde, est fondé sur le système métrique français lequel, à l'origine, a été établi sur la longueur d'un alliage de platine (le platine iridié) conservé à Paris. Surtout utilisé dans les sciences, il se réfère à des unités qui ont été précisées à l'époque moderne. Il a pour base le mètre, défini à partir de la vitesse de la lumière dans le vide, soit 299 792 458 m/s.

Grandeur	**Unité SI**
Longueur	mètre (m)
Masse	kilogramme (kg)
Temps	seconde (s)
Température	kelvin (K)
Intensité électrique	ampère (A)
Quantité de matière	mole (mol)
Intensité lumineuse	candela (cd)

LES UNITÉS DÉRIVÉES

Les unités suivantes sont dérivées des unités de base du SI mentionnées ci-dessus et utilisent des équations.

Grandeur	**Unité dérivée**	**Équation**
Aire	mètre carré (m^2)	dépend de la forme
Volume	mètre cube (m^3)	dépend de la forme
Masse volumique	kilogramme par mètre cube (kg/m^3)	$\frac{\text{masse (kg)}}{\text{volume (m}^3\text{)}}$
Vecteur vitesse	mètre par seconde (m/s)	$\frac{\text{déplacement (m)}}{\text{temps mis (s)}}$
Quantité de mouvement	(kg.m/s)	masse (kg) x vecteur vitesse (m/s)
Accélération	mètre par seconde par seconde (m/s^2)	$\frac{\text{variation du vecteur vitesse (m/s)}}{\text{temps mis (s)}}$
Puissance	watt (W)	$\frac{\text{travail accompli (J)}}{\text{temps (s)}}$
Force	newton (N)	masse (kg) x accélération (m/s^2)
Énergie-travail	joule (J)	force (N) x déplacement dans sa direction (m)
Pression	pascal (Pa)	$\frac{\text{force (N)}}{\text{aire (m}^2\text{)}}$
Fréquence	hertz (Hz)	nombre de cycles par seconde
Charge électrique	coulomb (C)	intensité électrique (A) x temps (s)
Tension électrique	volt (V)	$\frac{\text{énergie transférée (J)}}{\text{charge électrique (C)}}$
Résistance électrique	ohm (Ω)	$\frac{\text{tension électrique (V)}}{\text{intensité électrique (A)}}$

LES ÉCHELLES DE TEMPÉRATURE

Il existe trois principales échelles de mesure de la température : la métrique en fonction du degré Celsius (°C), l'impériale en fonction du degré Fahrenheit (°F) et l'échelle de température absolue en kelvin (K).

L'échelle de température absolue est utilisée par les chercheurs du monde entier, car le zéro Kelvin (-273 °C) représente le **zéro absolu**. À cette température, une substance quelle qu'elle soit ne peut plus perdre d'énergie. D'après les chercheurs, en pratique, il est impossible d'atteindre le zéro absolu.

Celsius (°C)	**Fahrenheit (°F)**	**Kelvin (K)**
110	230	383
100	212	373
90	194	363
80	176	353
70	158	343
60	140	333
50	122	323
40	104	313
30	86	303
20	68	293
10	50	283
0	32	273
-10	14	263
-20	-4	253
-30	-22	243
-40	-40	233
-50	-58	223
-60	-76	213
-70	-94	203
-80	-112	193
-90	-130	183
-100	-148	173
-110	-166	163

LA CONVERSION

Convertir	**en**	**Calcul**
°C	°F	x 9, : 5, + 32
°C	K	+ 273
°F	°C	- 32, x 5, : 9
°F	K	- 32, x 5, : 9, + 273
K	°C	- 273
K	°F	- 273, x 9, : 5, + 32

DONNÉES COMPLÉMENTAIRES

LES SAVANTS ET LEURS DÉCOUVERTES

Ampère, André Marie (1775-1836) Mathématicien et physicien français qui fut le premier à travailler sur l'électricité et le magnétisme. L'unité d'intensité électrique porte son nom.

Aristote (v. 384-322 av. J.-C.) Philosophe grec à l'origine de nombreuses théories scientifiques et découvertes en sciences physiques et en zoologie.

LES PÉRIODES

Le temps moyen nécessaire pour que l'activité d'une source radioactive atteigne la moitié de sa valeur initiale est la période radioactive. C'est le temps qu'il faut à la moitié du noyau pour se désintégrer. Chacune des formes d'un même élément, appelée isotope, a sa propre période. Elle peut durer des millions d'années ou moins d'une minute. En voici quelques exemples :

Isotope	**Période**
Uranium-238	4 500 000 000 années
Iode-129	17 000 000 années
Thorium-230	80 000 années
Plutonium-239	24 000 années
Carbone-14	5 745 années
Strontium-90	29 années
Hydrogène-3	12,30 années
Cobalt-60	5,30 années
Soufre-35	87,90 jours
Phosphore-32	14,30 jours
Iode-131	8 jours
Radon-222	3,80 jours
Plomb-214	26,80 minutes
Thallium-210	1,32 minute
Radium-221	30 secondes

Becquerel, Henri (1852-1908) Physicien français qui a découvert la radioactivité en 1896.

Brunel, Isambard Kingdom (1806-1859) Cet ingénieur britannique conçut de nombreux ponts et grands navires à vapeur.

Celsius, Anders (1701-1744) Cet astronome suédois inventa la première échelle de température divisée en 100 unités ou degrés.

Chadwick, James (1891-1974) Physicien britannique qui travailla sur la radioactivité et découvrit le neutron.

Charles, Jacques (1746-1823) Physicien français qui formula la loi de Charles sur les relations entre la température et le volume des gaz.

Charpak, Georges (1924) Ce physicien français d'origine polonaise est spécialisé en physique des particules. Ses appareils sont aussi utilisés en médecine et en biologie.

Cugnot, Nicolas-Joseph (1725-1804) Ingénieur militaire français qui inventa le tracteur à vapeur en 1769. Ce fut le premier véhicule terrestre qui fonctionnait grâce à sa propre énergie.

Curie, Marie (1867-1934) Physicienne française d'origine polonaise qui découvrit la radio-activité du thorium et identifia, avec son mari Pierre Curie, le polonium. Avec André Louis Debierne, elle isola le radium.

Ford, Henry (1863-1947) Ingénieur américain en automobile qui construisit la première voiture Ford Model T et promut le travail à la chaîne dans l'industrie.

Franklin, Benjamin (1706-1790) Inventeur et homme politique américain qui a prouvé la nature électrique de l'éclair.

Geiger, Hans (1882-1945) Ce physicien allemand détermina la charge des particules et montra que le numéro atomique d'un élément est le nombre de charges de son noyau. Il inventa le compteur qui porte son nom. Cet appareil est utilisé pour repérer et mesurer la radioactivité d'un corps.

Gennes, Pierre-Gilles de (1932) Ce physicien français est un spécialiste de la matière condensée. Il étudie des domaines très variés (semi-conducteurs, supraconductivité, cristaux liquides, polymères).

Hooke, Robert (1635-1703) Ce physicien et chimiste britannique a découvert la relation entre l'élasticité et la force et a énoncé la loi qui porte aujourd'hui son nom.

Joule, James (1818-1889) Physicien britannique auquel on doit des travaux importants sur la chaleur. Il a énoncé le principe de la conservation de l'énergie. Le joule est à la fois une unité de travail et d'énergie.

Meitner, Lise (1878-1968) Cette physicienne autrichienne fut la première à expliquer la fission nucléaire en 1939. (Voir aussi *Strassman, Fritz*.)

Newcomen, Thomas (1663-1729) Inventeur britannique qui bâtit le premier moteur à vapeur atmosphérique.

Newton, Isaac (1642-1727) Physicien et mathématicien britannique qui formula les lois fondamentales de la gravité et du mouvement. Il découvrit également que la lumière est un spectre de couleurs. Il construisit le premier télescope à réflexion (ou réflecteur).

Pascal, Blaise (1623-1662) Mathématicien et physicien français qui contribua largement à l'étude de l'hydraulique et de la pression atmosphérique. L'unité de pression internationale se nomme le pascal (Pa).

Röntgen, Wilhelm (1845-1923) Physicien allemand qui a découvert les rayons X en 1895.

Savery, Thomas (v. 1650-1715) Ingénieur britannique qui bâtit le premier moteur à vapeur.

Sikorsky, Igor (1889-1972) D'origine russe, cet ingénieur en aéronautique naturalisé américain fit voler le premier hélicoptère en 1939.

Stephenson, George (1781-1848) Inventeur britannique qui mit au point, en 1814, la première locomotive à vapeur, et, en 1829, avec son fils Robert, construisit *The Rocket*. Cette locomotive fonctionna sur la première ligne ferroviaire destinée aux passagers.

Strassman, Fritz (1902-1980) Chimiste allemand qui, avec Otto Hahn, un autre chimiste allemand, donna la théorie de la fission nucléaire en 1938. (Voir *Meitner, Lise.*)

Tesla, Nikola (1856-1943) D'origine croate, cet ingénieur américain en électricité inventa le moteur asynchrone et la génération électrique à haute tension.

Thomson, William (lord Kelvin) (1824-1907) Physicien et mathématicien britannique qui fit d'importants travaux en thermodynamique et établit l'échelle de la température absolue.

Torricelli, Evangelista (1608-1647) Physicien italien qui énonça le principe du baromètre en 1644.

Villard, Paul (1860-1934) Physicien français qui découvrit le rayonnement gamma en 1900.

Watt, James (1736-1819) Inventeur britannique qui améliora le moteur à vapeur et introduisit l'engrenage planétaire (épicycloïdal). Le watt est l'unité de puissance électrique.

Whittle, Frank (1907-1996) Inventeur britannique qui conçut le moteur à réaction en 1930.

Wright, Orville (1871-1948) et **Wilbur (1867-1912)** En 1903, les frères américains Wright firent voler le premier avion.

QUELQUES LOIS EN PHYSIQUE

Voici quelques-unes des lois les plus importantes de la physique.

La première loi de Newton (le principe d'inertie) À moins qu'une force n'agisse sur lui, tout corps reste au repos ou se déplace en ligne droite à vitesse constante.

La deuxième loi de Newton Toute force résultante s'exerçant sur un objet modifie son mouvement. Le changement est proportionnel à la masse de l'objet et à l'intensité de la force résultante.

La troisième loi de Newton (le principe des actions réciproques) Quand un objet A exerce une force sur un objet B, alors B exerce une force égale et opposée sur A.

La loi de la gravitation universelle de Newton Il existe une force gravitationnelle d'attraction entre deux objets de masse quelconque qui dépend de leur masse et de la distance entre eux.

Le principe d'Archimède Tout corps plongé dans un fluide subit une poussée verticale, dirigée de bas en haut, égale au poids du fluide déplacé.

La loi de Hooke La déformation d'un matériau est proportionnelle à la force qui la provoque.

La loi de la conservation de l'énergie Il n'y a ni création ni perte d'énergie mais seulement transformation en une autre forme.

La loi de la conservation de la masse Lors d'une réaction chimique, il n'y a ni création ni destruction de la matière.

La loi de la conservation de la quantité de mouvement En l'absence de forces extérieures, quand deux objets entrent en collision, la quantité de mouvement reste la même qu'avant la collision.

GLOSSAIRE

Accélération Variation du vecteur vitesse d'un objet, c'est-à-dire un changement dans la vitesse et/ou dans la direction en fonction d'un temps donné.
ADAV (Avion à Décollage et Atterrissage Verticaux) Un ADAV décolle directement. Il n'a pas besoin de piste.
Aérodynamisme Caractère d'un véhicule qui adopte une ligne laissant l'air circuler avec fluidité autour de lui, afin de réduire la traînée.
Aileron Gouverne des ailes d'un avion permettant de contrôler les virages et le roulis.
Altitude Élévation au-dessus du niveau moyen de la mer.
Apesanteur Absence de pesanteur.
Arme nucléaire Bombe qui engendre des réactions nucléaires incontrôlées, car l'énergie est libérée sous la forme d'explosions massives.
Atmosphère 1. Couche protectrice de gaz qui entoure la Terre et permet la vie des animaux et des végétaux. 2. Unité de pression atmosphérique au niveau de la mer.
Atome Particule microscopique constituante des éléments. Chaque atome contient un noyau, de charge électrique positive, composé de protons et (excepté l'hydrogène) de neutrons, ainsi que d'électrons en orbite qui sont de charge électrique négative. L'atome est en général de charge électrique neutre (voir aussi *isotopes*).
Avantage mécanique Rapport de la charge (quantité de force) fournie par une machine simple par la quantité d'effort demandée (la force exercée).

Bilame Lame composée de deux bandes de métaux différents, comme du cuivre et du fer, soudés sur la longueur et utilisés dans les thermostats. Quand on les chauffe, le cuivre se dilate davantage que le fer et la lame se courbe.
Biogaz Gaz produit par la matière organique en décomposition et utilisé comme combustible.
Bombe à hydrogène Arme nucléaire qui exploite la fusion nucléaire.
Bombe atomique Arme nucléaire qui utilise l'énergie de la fission nucléaire.

Calorie (Cal) Unité de mesure d'énergie thermique équivalant à la quantité de chaleur nécessaire pour élever de 1 °C la température de 1 g d'eau. Elle vaut 4,20 joules. Un kilocalorie, ou grande calorie, équivaut à 1 000 calories. En France, cette unité n'est plus légale, elle est remplacée par le joule. Toutefois, la valeur nutritive s'exprime encore souvent en calorie et varie en fonction des aliments.
Capacité thermique Quantité de chaleur qu'il faut fournir à un objet de 1 kg pour élever sa température de 1 kelvin.
Capteur solaire Panneau noir qui absorbe l'énergie solaire et permet de chauffer de l'eau.
Carbone Élément constitutif de tout être vivant.
Catalyseur Substance qui modifie la vitesse d'une réaction chimique sans changer elle-même.
Cellule photovoltaïque Appareil qui convertit l'énergie solaire en électricité.
Centre de gravité Point particulier d'un objet où le poids en entier semble agir.
Chaîne énergétique Une méthode qui permet de mieux comprendre les transformations successives de l'énergie, souvent à l'aide de dessins.
Champ Voir *champ de force*.
Champ de force Zone subissant l'effet d'une force, comme la force magnétique.
Champ gravitationnel Zone subissant l'effet de la gravité.
Charge Force vaincue par une machine.
Charge électrique Propriété de la matière qui engendre des forces électriques entre les particules. Les charges opposées s'attirent ; les charges de même nature se repoussent.
Combustible fossile Combustible, tel que le pétrole, le charbon et le gaz naturel, qui s'est formé il y a des millions d'années à partir des restes de plantes et d'animaux conservés dans la roche.
Combustion Réaction chimique qui consume certaines matières avec dégagement de chaleur et d'énergie lumineuse.
Conducteur Substance à travers laquelle le courant électrique, ou bien la chaleur, se propagent aisément.
Conduction 1. Façon dont l'énergie thermique est transférée à travers un solide par la vibration des particules chauffées. 2. Façon dont le courant électrique est transmis dans une substance par le mouvement des électrons libres.
Convection Mode principal de transfert thermique dans les fluides (liquides et gaz). Sous l'effet de la chaleur, la partie d'un fluide la plus proche de la source thermique se dilate. Elle devient moins dense et s'élève, tandis que la partie plus froide qui est plus dense, donc plus lourde, descend.
Courant de convection Mouvement dû à la convection qui agite les liquides et les gaz.
Cycle de combustion à quatre temps Processus en quatre phases se déroulant dans un moteur. Il comprend l'admission, la compression, la combustion-détente et l'échappement.

Datation au carbone Méthode de détermination du temps écoulé depuis la mort d'un organisme en mesurant le niveau de radiation émis par le carbone 14 qu'il contient. Voir aussi *isotope* et *radioisotope*.
Décélération (ou **accélération négative**) Diminution du vecteur vitesse d'un objet en fonction du temps divisé par ce temps.
Démultiplicateur de force Machine qui vainc une force, la charge, plus grande que l'effort exercé.
Densité Rapport de la masse d'un certain volume d'un objet à celle du même volume d'eau, ou d'air pour les gaz.
Différence de potentiel Voir *tension électrique*.
Différentiel Partie de la transmission d'une automobile constituée d'un système d'engrenage monté sur des axes permettant aux roues de tourner à des vitesses différentes.
Dynamique Étude des relations entre les forces et les mouvements qu'elles produisent.
Dynamo Voir *générateur*.
Dynamomètre Appareil doté d'un ressort qui mesure une force (en newton).

Échelle de Celsius Échelle de température qui possède 100 divisions entre le point de congélation de l'eau (0 °C) et le point d'ébullition de l'eau (100 °C).
Échelle de Fahrenheit Échelle de température comprenant 180 degrés d'intervalle entre la température de la congélation de l'eau (32 °F) et celle de l'ébullition (212 °F).
Échelle de température absolue Échelle de température définie dans le système international d'unités et divisée en kelvins (K). Comme dans l'échelle Celsius, l'intervalle entre le point de congélation (273 K) et le point d'ébullition (373 K) est de 100.
Effet de serre Effet de certains gaz contenus dans l'air (surtout le gaz carbonique) qui piègent la chaleur solaire dans l'atmosphère, ce qui réchauffe la Terre.
Effort Force nécessaire pour faire fonctionner une machine.
Élastique Terme décrivant un objet qui, sous l'effet d'une force, change de taille et/ou de forme, puis reprend sa forme initiale (sauf si le point limite est atteint) quand la force cesse de s'appliquer. Voir aussi *plastique*.
Électron Particule de charge négative en orbite autour du noyau d'un atome.
Élément Substance composée de plusieurs atomes du même type (ayant tous le même numéro atomique) et qu'il n'est pas possible de dégrader chimiquement en substances plus simples. Voir aussi *isotope*.
Énergie chimique Énergie emmagasinée dans une substance et libérée pendant une réaction chimique.
Énergie cinétique Énergie d'un corps en mouvement.
Énergie géothermique Énergie provenant de la chaleur interne de la Terre utilisée par endroit pour générer de l'électricité. L'eau provenant de nappes d'eau souterraines chauffées par les roches est pompée et utilisée sous forme de vapeur pour actionner des turbines.
Énergie interne Somme des énergies cinétique et potentielle des particules d'une substance.

Énergie nucléaire Énergie produite par le noyau atomique.
Énergie potentielle Énergie possédée par un objet en fonction de sa position dans un champ de forces, comme le champ gravitationnel.
Énergie potentielle élastique Énergie potentielle possédée par un objet qui a été étiré ou écrasé.
Énergie solaire Énergie produite par la chaleur du Soleil et son énergie lumineuse.
Engrenage Système de deux roues dentées, voire davantage, qui s'imbriquent de façon à s'entraîner l'une l'autre en contrôlant leur vitesse et leur rotation.

Fission nucléaire Réaction au cours de laquelle le noyau d'un atome se casse et forme un ou deux autres noyaux en libérant une grande quantité d'énergie.
Fluide Liquide ou gaz.
Force Action mécanique capable de déformer un objet et d'en modifier l'état de repos ou de mouvement, ou encore la trajectoire ou la vitesse. Tirer un objet, le pousser ou le prendre, c'est appliquer une force.
Force centripète Force qui s'exerce sur un objet effectuant un cercle.
Force de contact Force exercée par deux objets, voire davantage, qui se touchent.
Force électrique Effet exercé mutuellement par des particules de charges électriques.
Force résultante Effet unique de la somme de toutes les forces agissant sur un objet.
Fréquence Nombre d'ondes par seconde dans un phénomène périodique. L'unité est le hertz (Hz).
Friction (ou **force de frottement**) Force qui ralentit des objets en mouvement qui sont en contact.
Fuselage Corps d'un avion.
Fusion nucléaire Réaction au cours de laquelle deux noyaux atomiques de petite taille s'agglomèrent et forment un noyau de grande taille en libérant une grande quantité d'énergie.

Générateur (ou **dynamo**) Machine qui convertit l'énergie cinétique en électricité.
Gouverne Volet mobile sur les ailes et la queue d'un avion utilisé pour contrôler la direction des mouvements.
Gouverne de direction Gouverne qui contrôle les mouvements de lacet d'un avion.
Gouverne de profondeur Gouverne qui contrôle le tangage d'un avion.
Grandeur scalaire Grandeur définie par son intensité mais pas par sa direction.
Grandeur vectorielle Grandeur définie par son intensité et sa direction.
Gravité Force d'attraction qui s'exerce entre deux objets. Plus un objet est lourd et volumineux, plus sa gravité est grande.
Gyroscope Roue qui tourne rapidement à l'intérieur d'une armature libre. La force centripète ainsi créée lui permet de résister à la gravité. Il peut presque se coucher sans s'arrêter.

Hydraulique 1. En mécanique, cela met en jeu un liquide sous pression. 2. Branche de la mécanique des fluides qui traite des liquides et technique industrielle relative à la mise en œuvre de liquide sous pression.
Hydroélectricité Électricité produite par l'énergie de l'eau en mouvement qui actionne des turbines.
Hydroptère Bateau rapide muni d'ailes portantes immergées reliées à la coque par des bras. Quand la vitesse augmente, la poussée de l'eau sur les ailes soulève la coque, réduisant ainsi la résistance de l'eau.

Inertie Résistance qu'oppose un objet à un changement de son état.
Isolant Substance à travers laquelle l'électricité et la chaleur passent difficilement.
Isotope Chacune des formes d'un même élément. L'atome de chaque isotope possède dans son noyau le même nombre de protons mais a un nombre différent de neutrons. Les isotopes d'un même élément ont le même numéro atomique, mais pas la même masse atomique. Ainsi, le carbone 12 a une masse atomique de 12 (et 6 neutrons dans le noyau), alors que le carbone 14 a une masse atomique de 14 (et 8 neutrons).

Joule (J) Unité internationale de mesure de l'énergie et du travail.

Kelvin (K) Unité internationale de mesure de la température. Voir *échelle de température absolue.*
Kilocalorie (ou **grande calorie**) Voir *calorie.*
Kilojoule (kJ) 1 000 joules.

Limite élastique Point au-delà duquel une substance élastique est irréversiblement déformée suite à un allongement.
Lubrifiant Substance, comme l'huile, dont le rôle est de réduire la friction.

Machine à vapeur L'une des premières machines à combustion externe dont le moteur fonctionnait avec l'énergie de la vapeur.
Machine pneumatique Machine qui fonctionne avec un gaz comprimé, en général de l'air.
Magnétisme Force invisible qui attire certains métaux, dont le fer.
Masse Quantité de matière contenue dans un corps.
Masse atomique Nombre de protons et de neutrons contenus dans le noyau d'un atome. Différents isotopes d'un même élément n'ont pas la même masse atomique.
Masse volumique Quotient de la masse d'un corps par son volume.
Millibar (mb) Unité de pression atmosphérique, égale à 100 pascals.
Moment Effet de rotation d'une force. C'est le produit de l'intensité de la force par sa distance à l'axe de rotation. Il se mesure en newton-mètre (Nm).
Moteur Machine qui convertit l'énergie emmagasinée dans un combustible en mouvement.
Moteur à combustion interne Moteur dans lequel le combustible brûle pour dégager de l'énergie.
Moteur à réaction (ou **turbine à gaz**) Puissant moteur à combustion interne employé en aéronautique. L'air est aspiré par une hélice, mélangé au carburant et brûlé. Le mélange de gaz chauds entraîne les aubes d'une turbine et les gaz sont expulsés à l'arrière à très grande vitesse.
Moteur fusée Moteur semblable à un moteur à réaction, qui produit des gaz chauds éjectés à grande vitesse. Au lieu d'aspirer de l'air pour la combustion, le moteur fusée transporte de l'oxygène liquide, ce qui lui permet de voyager dans l'espace, où l'air est absent.
Mouvement de lacet En avion ou en bateau, mouvement vers la droite ou vers la gauche contrôlé par la gouverne de direction.

Neutron Particule de charge électrique neutre formant une partie du noyau atomique (sauf celui de l'hydrogène).
Newton (N) Unité internationale de force.
Newton-mètre (Nm) Unité de moment.
Noyau Partie centrale d'un atome composée de protons et (excepté l'hydrogène) de neutrons.
Numéro atomique Nombre de protons contenus dans le noyau d'un atome.

Onde électromagnétique Onde d'énergie émise par des champs magnétiques et électriques en constante mutation (comme la lumière).

Particule alpha Amas de deux neutrons et deux protons émis par le noyau de l'atome de certaines substances.
Particule bêta Électron à forte énergie émis quand un neutron se transforme en proton dans le noyau d'une substance radioactive.
Pascal (Pa) Unité internationale de pression équivalant à 1 newton par mètre carré.
Période Temps moyen nécessaire à la moitié d'un atome radioactif pour se désintégrer.
Photon Voir *théorie quantique.*
Pile Réserve d'énergie chimique qui peut se transformer en énergie électrique.
Piston Pièce cylindrique qui effectue des mouvements de va-et-vient dans le cylindre d'un moteur.
Pivot Point fixe, ou axe de rotation, autour duquel un objet tourne.
Plastique Terme décrivant un objet qui, sous l'effet d'une force, change de taille et/ou de forme sans reprendre sa forme initiale quand la force cesse de s'appliquer. Voir aussi *élastique.*
Pluie acide Pluie qui s'est acidifiée après s'être chargée dans l'atmosphère de gaz polluants, comme l'acide sulfurique et l'acide nitrique.
Poids Attraction que la Terre exerce sur un corps.

Point d'ébullition Sous la pression atmosphérique normale, température de l'eau qui bout (373 K ou 100 °C ou 212 °F).
Point de congélation Température à laquelle l'eau pure gèle (273 K ou 0 °C ou 32 °F).
Portance Force de l'air circulant au-dessous d'une surface portante, comme l'aile d'un avion, qui s'exerce de bas en haut.
Pot catalytique Appareil équipant les automobiles qui utilisent des catalyseurs métalliques, comme le platine et le rhodium, afin de réduire la nocivité des gaz d'échappement.
Poulie Machine qui sert à soulever de lourdes charges attachées à une corde passée autour d'une roue cannelée, voire de plusieurs.
Poussée Pression exercée par le poids d'un corps contre une surface donnée.
Pression Force exercée par un solide, un liquide ou un gaz sur une surface donnée.
Pression atmosphérique (pression de l'air) Pression exercée par le poids de la colonne d'air au-dessus d'une surface en fonction de l'altitude. Au niveau de la mer, la pression atmosphérique, ou **pression standard**, est de 1 atmosphère (1 atm), soit 101,325 pascals (environ 1 013 hectopascals).
Proton Particule de charge électrique positive formant une partie du noyau atomique. Le nombre de protons détermine un élément.
Puissance Taux de production du travail ou de consommation de l'énergie, mesuré en watt (W).

Quantité de mouvement Produit de la masse d'un objet par son vecteur vitesse. En l'absence de forces extérieures, l'objet en mouvement se déplace indéfiniment.
Quark Particule supposée composer les protons et les neutrons.

Radiation Énergie se déplaçant sous la forme d'ondes électromagnétiques ou de particules à forte énergie (comme celles émises par les substances radioactives).
Radiation gamma (ou **rayons gamma**) Ondes électromagnétiques de courte longueur et de haute fréquence émises par une substance radioactive.
Radiation infrarouge (ou **rayons infrarouges**) Ondes électromagnétiques émises par tout corps chaud.
Radioactivité Désintégration spontanée du noyau d'un atome instable avec émission de radiations.
Radioisotope Isotope radioactif.
Radiothérapie Technique médicale qui consiste à utiliser des doses de radiation pour tuer les cellules cancéreuses.
Rayonnement Mode de propagation de l'énergie sous forme d'ondes ou de particules, ensemble des radiations émises par un objet.
Réacteur à eau sous pression Type de réacteur nucléaire utilisant l'énergie produite par les réactions lors de la fission nucléaire. La chaleur libérée dans le cœur du réacteur sert à chauffer de l'eau pour produire la vapeur qui va actionner les turbines.
Réacteur nucléaire Partie d'une centrale nucléaire, ou d'un vaisseau à propulsion nucléaire, où se déroule une réaction nucléaire.
Réchauffement climatique général Augmentation générale de la température mondiale, due sans doute à la pollution de l'air qui accroît l'effet de serre.
Relativité Voir *théorie de la relativité générale* et *théorie de la relativité restreinte.*
Résistance de l'air Voir *traînée.*
Roulement à billes Billes placées entre deux surfaces en mouvement afin de réduire la friction en limitant la surface de contact entre les surfaces.
Roulis Quand l'avion s'incline d'un côté ou de l'autre au moyen des ailerons.

Source d'énergie non renouvelable Source, qui comme le charbon, le bois, le pétrole et le gaz naturel, est détruite ou dégradée lors de sa consommation (voir aussi *source d'énergie renouvelable*).
Source d'énergie renouvelable Source d'énergie naturelle, comme le Soleil, le vent ou l'eau, qui est inépuisable malgré son utilisation pour fournir de l'énergie (voir aussi *source d'énergie non renouvelable*).
Surface portante Forme d'aile arrondie sur la face supérieure et plate sur la face inférieure, qui permet la portance.
Suspension Système équipant un véhicule. Composé de ressorts, il absorbe les effets dus aux inégalités de la route.
Système international d'unités (SI) Système d'unités de mesure accepté dans tous les pays.

Tangage En avion, action de monter ou de descendre contrôlée par les gouvernes de profondeur.
Tension électrique (ou **différence de potentiel**) Différence de charge électrique existant entre le pôle négatif et le pôle positif d'un circuit électrique. Elle se mesure en volt (V).
Théorie de la relativité générale Théorie, développée par Albert Einstein, qui relie sa théorie de la relativité restreinte à la gravité.
Théorie de la relativité restreinte Théorie, développée par Albert Einstein, qui concerne les relations de la vitesse de la lumière avec la mesure du temps et de l'espace, ainsi que la matière avec l'énergie.
Théorie quantique Idée selon laquelle les échanges d'énergie entre la lumière et la matière ne peuvent se faire que par minuscules paquets discontinus, les **quanta** (un quantum). La théorie permet également d'expliquer les propriétés des électrons. Les quanta de radiation électromagnétique, comme la lumière, sont des **photons**.
Thermostat Système qui permet de maintenir une température donnée. Il active ou non un circuit électrique selon la demande. Voir aussi *bilame.*
Traçage radioactif Technique médicale qui consiste à suivre dans le corps d'un patient le trajet d'une substance à laquelle on a ajouté des éléments radioactifs.
Traînée (ou **résistance de l'air**) Force de frottement qui s'oppose à l'avancement d'un objet dans l'air.
Transmission Système d'engrenage transférant la puissance du moteur aux roues du véhicule.
Travail Un travail est accompli quand une force déplace un objet avec transfert d'énergie. Le travail se mesure en joule (J). Un joule équivaut au travail effectué (et à l'énergie transmise) par une force de 1 newton (N) qui déplace un objet de 1 mètre (m) dans sa propre direction.
Turbine Machine composée d'un arbre et de lames, les **aubes**, actionnées par une force quelconque (le vent ou la vapeur). L'énergie du mouvement (énergie cinétique) est transformée en électricité.
Turbine à gaz Voir *moteur à réaction.*
Turbomoteur Type de turboréacteur réservé à l'hélicoptère. L'énergie du moteur fait tourner les pales du rotor principal et du rotor de queue.
Turbopropulseur Type de turboréacteur. L'énergie du moteur entraîne les hélices d'un avion.
Turboréacteur Le plus simple et le plus rapide des types de moteur à réaction. Il n'est utilisé qu'avec des avions à réaction ultrarapides.
Turboréacteur à double flux (ou **à soufflante**) Type de turboréacteur à large soufflante. Il est moins nerveux mais aussi moins bruyant et consomme moins de carburant que le type le plus simple de moteur à réaction.

Vecteur vitesse Vitesse d'un objet en mouvement en fonction de la direction.
Vide (ou **vacuum**) Espace dépourvu de particules d'air ou d'une matière quelconque.
Vitesse de la lumière Vitesse de propagation de la lumière dans le vide, soit environ 300 000 kilomètres par seconde.
Vitesse du son Vitesse de propagation du son dans une atmosphère sèche à 0 °C, soit 331 mètres par seconde.
Vitesse instantanée Vitesse d'un objet à un instant donné.
Vitesse limite Vitesse maximale atteinte par un objet en chute. L'accélération cesse et le vecteur vitesse reste constant.
Vitesse moyenne Elle détermine à quelle rapidité un objet bouge. La vitesse moyenne d'un objet en mouvement est le quotient de la distance parcourue par le temps mis pour la parcourir.
Vitesse relative Quand la vitesse de l'objet en mouvement est observée d'un autre objet en mouvement.
Vitesse supersonique Vitesse supérieure à la vitesse du son.
Voltage Terme impropre. Voir *tension électrique.*
Volume Quantité d'espace occupé par un objet.

Watt (W) Unité internationale de puissance.

Zéro absolu (ou **zéro K**) (-273 °C). À cette température, une substance quelconque ne peut plus perdre d'énergie.

CONTRÔLE TES CONNAISSANCES

1. L'énergie se mesure en :
A. watt
B. joule
C. kilogramme *(page 12)*

2. Le point d'ébullition de l'eau est :
A. 32 °F
B. 100 °C
C. 212 °C *(page 13)*

3. Quel énoncé est vrai ?
A. La convection n'a jamais lieu dans un solide
B. La convection n'a lieu que dans un liquide
C. La conduction n'a jamais lieu dans un solide *(pages 14-15)*

4. Une particule alpha se compose de :
A. deux protons et deux neutrons
B. deux protons
C. un électron tournant à grande vitesse *(page 16)*

5. Le carbone 14, ${}^{14}_{6}C$, est un isotope radioactif du carbone qui a :
A. six protons et six neutrons
B. six protons et huit neutrons
C. quatorze protons *(page 17)*

6. Une force se mesure en :
A. kilogramme
B. mètre
C. newton *(page 21)*

7. Une force est :
A. une grandeur vectorielle
B. une grandeur scalaire
C. ni une grandeur vectorielle ni une grandeur scalaire *(page 21)*

Ce diagramme montre les forces agissant sur une brouette.

Quelle flèche représente :

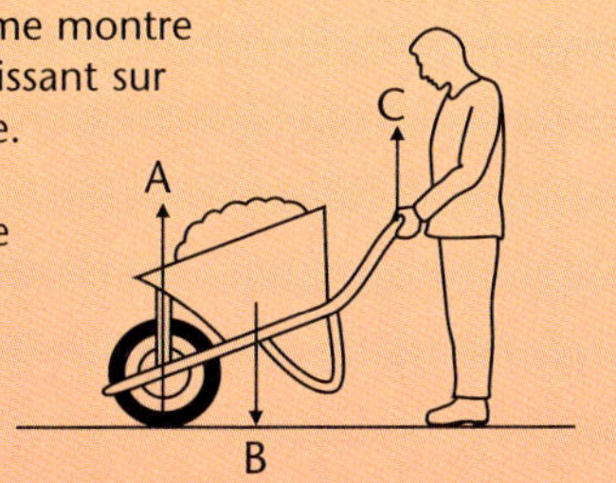

8. La force du sol sur la brouette ? *(page 23)*

9. La force de l'homme sur la brouette ? *(page 23)*

10. Le poids de la brouette ? *(page 23)*

11. Un objet tournant autour d'un pivot est plus aisé à manœuvrer si l'effort :
A. est éloigné du pivot
B. est proche du pivot
C. s'exerce sur le pivot *(page 23)*

12. En l'absence de forces extérieures, l'objet en mouvement :
A. ralentit et s'arrête
B. continue son mouvement à la même vitesse en ligne droite
C. change de direction *(page 24)*

13. Quand on pousse un objet, on sent :
A. une réaction dans la direction opposée
B. une réaction dans la même direction
C. aucune réaction *(page 24)*

14. Quand un livre glisse sur une table, la force qui le ralentit s'appelle :
A. lubrification
B. poussée
C. friction *(page 26)*

15. La vitesse moyenne équivaut à :
A. la distance multipliée par le temps
B. le temps divisé par la distance
C. la distance divisée par le temps *(page 28)*

16. La différence entre la vitesse et le vecteur vitesse, c'est :
A. la vitesse est une grandeur scalaire tandis que le vecteur vitesse est une grandeur vectorielle
B. la vitesse est une grandeur vectorielle tandis que le vecteur vitesse est une grandeur scalaire
C. leur unité de mesure est différente *(page 29)*

17. Si un objet accélère, alors
A. la vitesse et la direction changent
B. la vitesse ou la direction change
C. la vitesse augmente *(page 29)*

18. Une pomme qui se détache d'un pommier tombe au sol, en raison de :
A. la gravité
B. de son centre de gravité qui est bas
C. de sa peau lisse qui réduit la friction *(page 32)*

19. Quel énoncé est vrai ?
A. la masse d'un objet dépend de la gravité qui s'exerce sur lui
B. la masse se mesure en newton
C. le poids d'un objet est dû à la pesanteur qui s'exerce sur lui *(pages 32-33)*

20. Quel énoncé est vrai ?
A. une force agissant sur une surface exerce une pression
B. la pression d'une aiguille est négligeable car sa pointe est petite
C. une machine hydraulique est actionnée par la pression d'un gaz *(pages 34-35)*

21. La pression atmosphérique :
A. faiblit en s'approchant du sol
B. augmente en altitude
C. est due au poids de l'air *(page 34)*

22. Un levier :
A. tourne autour d'un point appelé pivot
B. subit une force appelée charge
C. permet de vaincre une force appelée effort *(page 36)*

23. Quel énoncé est correct ?
A. un homme qui accomplit un travail gagne de l'énergie
B. le travail n'est effectué que si la force déplace un objet
C. le travail et la puissance se mesurent en watt *(page 39)*

24. Un bateau fait d'acier flotte, car :
A. l'acier est moins dense que l'eau
B. le vide à l'intérieur le rend moins dense que l'eau
C. la poussée de l'eau est plus faible que son poids *(page 41)*

Ce diagramme montre trois des quatre forces agissant sur un avion.

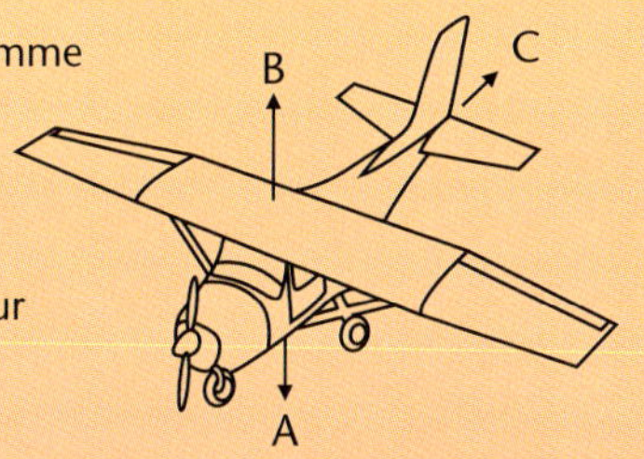

Quelle flèche représente :

25. la portance ? *(page 44)*

26. le poids de l'avion ? *(page 44)*

27. la traînée ? *(page 44)*

28. Dans le diagramme ci-dessus, la force qui manque est :
A. la pesanteur
B. la poussée des moteurs
C. la force centripète *(page 44)*

29. Le vol est stable si la portance est égale à :
A. la vitesse de l'avion
B. la pesanteur
C. la résistance de l'air *(page 44)*

30. Une aile bombée sur le dessus et aplatie sur le dessous est dite :
A. un hydroptère
B. une surface portante
C. un aileron *(page 44)*

Réponses
1.B 2.B 3.A 4.A 5.B 6.C 7.A 8.A 9.C 10.B 11.A 12.B 13.A 14.C 15.C 16.A 17.B 18.A 19.C 20.A 21.C 22.A 23.B 24.B 25.B 26.A 27.C 28.B 29.B 30.B

INDEX

Tu trouveras la principale explication des termes de l'index aux pages figurant en gras, mais tu peux te reporter aux autres pages pour un complément d'information.

LES SITES WEB

Les éditions Usborne ont pris soin de s'assurer de l'adéquation du contenu des sites Web apparaissant sur Quicklinks à l'égard du public visé. Toutefois, nous n'acceptons aucune responsabilité et ne pouvons être tenus responsables du contenu des sites Web autres que le nôtre. Nous ne pourrons, de même, être tenus responsables de toute exposition à des documents choquants ou incorrects qui peuvent apparaître sur le Web. La responsabilité face aux éventuels dommages ou pertes que pourrait occasionner un virus téléchargé en parcourant l'un des sites recommandés ne pourra en aucun cas incomber aux éditions Usborne.

REMERCIEMENTS

CRÉDIT PHOTOGRAPHIQUE

(h = haut, m = milieu, b = bas, g = gauche, d = droite) :

Corbis : **2-3** Richard T. Nowitz ; **6-7** Joseph Sohm, ChromoSohm, Inc ; **10-11** Sean Aidan, Eye Ubiquitous ; **14-15** (principale) Gary Braasch ; **17** (b) Owen Franken ; **18-19** (principale) Bettmann ; **21** (principale) Robert Landau ; **49** (principale) Richard Hamilton Smith.
© Digital Vision : **1** ; **4-5** ; **8** (h), (b) ; **9** (bg) ; **12** (g) ; **14** (g), (bm) ; **15** (hd) ; **19** (mg) ; **20** (hd) ; **22**, **25** (hm), (hd) ; **26** ; **28** (h), (bd) ; **30** (h), (b) ; **34** (hd), (bg) ; **40-41** (h) ; **42-43** ; **44-45**.
Nasa : **27** (g)
Science Photo Library : **32** (b) Science Photo Library ;
35 (hd) Will & Deni McIntyre ; **37** (principale) Jeremy Walker.
Ford Motor Co Ltd 27 (hd) ; **36** (d) ; **49** (mg) ; **50** (m) ; **52-53** ;
Goodyear GB Ltd 26 (g) ; **Honda UK 53** (hd) ; **Northern Lites 34** (m) ;
Porsche Cars Great Britain 29 (bm) ; **Snow and Rock 26** (bd).
Tony Stone : **couverture** Robin Smith

ILLUSTRATEURS

Simone Abel, Sophie Allington, Rex Archer, Paul Bambrick, Jeremy Banks, John Barker, Andrew Beckett, Joyce Bee, Stephen Bennett, Mark Bergin, Roland Berry, Gary Bines, Isabel Bowring, Trevor Boyer, John Brettoner, Peter Bull, Hilary Burn, Andy Burton, Terry Callcut, Kuo Kang Chen, Stephen Conlin, Sydney Cornfield, Dan Courtney, Steve Cross, Gordon Davies, Peter Dennis, Richard Draper, Brin Edwards, Wayne Ford, John Francis, Mark Franklin, Nigel Frey, Stephen Gardener, Peter Geissler, Nick Gibbard, William Giles, David Goldston, Peter Goodwin, Jeremy Gower, Teri Gower, Terry Hadler, Alan Harris, Nick Hawken, Nicholas Hewetson, Christine Howes, John Hutchinson, Ian Jackson, Hans Jessen, Karen Johnson, Richard Johnson, Elaine Keenan, Frank Kennard, Aziz Khan, Stephen Kirk, Richard Lewington, Brian Lewis, Jason Lewis, Steve Lings, Rachel Lockwood, Kevin Lyles, Chris Lyon, Kevin Maddison, Janos Marffy, Andy Martin, Josephine Martin, Rob McCaig, Joseph McEwan, David McGrail, Malcolm McGregor, Dee McLean, David Mead, Annabel Milne, Robert Morton, Louise Nevet, Martin Newton, Louise Nixon, Steve Page, Justine Peek, Maurice Pledger, Mick Posen, Russell Punter, David Quinn, Barry Raynor, Mark Roberts, Michael Roffe, Michelle Ross, John Russell, Michael Saunders, John Scorey, John Shackell, Chris Shields, David Slinn, Guy Smith, Peter Stebbing, Suart Trotter, Robert Walster, Craig Warwick, Ross Watton, Phil Weare, Hans Wiborg-Jenssen, Sean Wilkinson, Ann Winterbottom, Gerald Wood, David Wright, Steve Wright.